광주문화재단 누정총서 1

독수정
명옥헌

글 국윤주
현판 번역 김대현

광주문화재단 누정총서 1

독수정
명옥헌

글 국윤주
현판 번역 김대현

책을 펴내며

지혜의 보고, 누정여행 길잡이

　현대를 사는 우리들은 항상 무엇인가에 쫓기듯 살아갑니다. 자주 시계를 보며 시침과 분침은 물론 초침까지도 살피게 됩니다. 저마다 삶을 영위하기 위해 벌이는 사투는 육체와 정신을 피로하게 합니다. 너나없이 삶의 의미를 묻게 되고 쉴 만한 곳을 찾게 됩니다. 잠시라도 여유를 갖고자 여행을 꿈꾸기도 합니다.
　광주문화재단의 풍류남도나들이 사업은 이러한 의문과 소원에서 탄생하게 되었습니다. 선조들의 삶과 그 내면을 들여다보며 가르침을 얻으려 한 것이지요.
　광주와 담양이 만나는 무등산 자락에는 빼어난 풍광은 물론 지혜의 보고가 펼쳐져 있습니다. 자연의 아름다움을 한껏 품은 자리에 자연을 거스르지 않으며 조화롭게 자리한 누정들이 그것입니다. 세상의 명예와 부귀를 탐하지 않고 오로지 자연을 벗 삼아 자기 수양에 힘썼던 선비들의 올곧은 삶. 그들의 깊이 있는 학문과 수준 높은 문학작품은 각박한 시대를 살아가는 우리에게 많은 울림과 감동을 전해 주고 있습니다.
　하지만 그들의 삶과 학문과 문학작품에 한 걸음 다가가기 위해서는 딱딱한 전문서적과 씨름해야 하는 어려움이 남아 있었습니다. 배낭 하나 메고 훌쩍 떠나는 여행길에서 몸과 마음을 풍요롭게 할 만한 누정 길잡이 책은 왜 없을까. 누정총서 시리즈를 기획하고 발간하게 된 까닭입니다.

  이번 총서에서는 9곳의 누정을 다루었습니다. 일동삼승(一洞三勝)이라 불리는 소쇄원, 식영정, 환벽당을 비롯하여 독수정, 명옥헌, 면앙정, 취가정, 풍암정, 송강정입니다. 광주에는 수많은 누정이 있지만, 그 역사적 연원과 당대의 인지도를 감안할 때, 무등산 자락 누정들의 안내서가 더 시급하다고 여겼기 때문입니다. 총서의 순번은 누정의 건립연대와 그곳에 얽힌 인물들을 고려하여 매겼으나 자료의 많고 적음에 따라 부득이 몇 곳은 합본을 하였습니다.

  이번 총서는 쉽고 재미있습니다. 의미도 깊습니다. 필진으로 참여한 전문 연구자들이 일반 독자들을 배려한 애정이 곳곳에서 빛을 발합니다. 좀 더 관심 있는 독자를 위해 누정 현판의 원문과 번역도 함께 실었습니다. 다양한 각도와 때를 달리한 사진들은 텍스트와는 또 다른 책 읽는 즐거움을 선사할 것입니다.

  우리는 이 책들이 무등산 자락 누정을 찾는 여행객들의 사랑을 듬뿍 받기를 소원합니다. 삶의 의미를 되새기고 마음의 정화를 얻어가는 지혜의 여행길에 일조하는 안내서가 되길 바랍니다. 그리고 첫발을 내디딘 누정총서에 더 많은 누정들이 소개되기를 바랍니다.

  누정총서 발간에 애쓰신 분들의 노고에 깊은 감사를 드립니다.

2018년 초겨울

광주문화재단 대표이사 김윤기

차례

책을 펴내며   4

독수정   12
누정과 원림
북향의 은일 공간
독수, 홀로 견뎌낸 세월
절의의 역사
북향의 독수정과 「독수정십사경(獨守亭十四景)」
망국의 때에 다시 호명되는 독수정

여행 길잡이
변절하지 않는 마음, 독수정   48

명옥헌　　　　　　　　　　　　　　　　56
명옥헌 가는 길
인조대왕 계마행(繫馬杏)과 오동나무
옥구슬 떨어지는 연못을 품은 원림
붉은 화엄, 배롱나무의 향연
명옥헌 유래의 네 가지 화소
명옥헌을 사랑한 사람들

여행 길잡이
한 세상을 만나면 봉황처럼 날겠다는 명옥헌　96

독수정·명옥헌 현판　　　　　　　　　　102

독수정獨守亭

독수정
獨守亭

    광주·담양의 누정들 가운데 독수정과 명옥헌은 소쇄원과 함께 무등산 자락에 자리 잡고 있으면서 원림(園林)으로 조성된 공통점이 있다.

누정과 원림

    누정(樓亭)은 대개 목조건물로 누각과 정자를 일컫는다. 누각(樓閣)은 사방을 바라볼 수 있도록 마룻바닥을 땅에서 한층 높게 지은 다락 형태의 건물이며, 정자(亭子)는 벽이 없이 기둥과 지붕만 있는 보다 간소한 구조의 건물이다. 예부터 누정은 강변이나 들판을 조망할 수 있는 비교적 높은 언덕에 자리잡고서 주변 풍경과 자연스럽게 조화를 이루는 건축물이다. 풍경 속 주인공 노릇을 하는 것이 아니라, 주변 풍경을 주연으로 조망하게 하는 관찰자의 장소이다.

    누정이 이렇듯 주위의 풍경과 함께 있는 목조 건물인 것에 비해 원림은 그 대상으로 삼는 공간의 범위가 더 넓다. 울타리를 치고 담장을 쌓아 경계를 뚜렷이 하기보다는 자연의 일부인 듯 원래 있던 환경의 특성을 살리고 최소한의 조경으로 주변의 풍경과 조화를 이룬 이상적인 공간으로 조성한다.

　원림이란 일종의 정원이라 할 수 있는데 그 뜻은 사뭇 다르다. 정원(庭園)은 일본인들이 메이지시대에 만들어낸 것으로 우리에게 식민지 시대에 이식된 단어다. 정원이 일반적으로 주택의 뜰에서 인위적인 조경으로 동산의 분위기를 연출한 것이라면, 원림은 교외에서 동산과 숲의 자연 상태를 그대로 살리고 최소한의 조경으로 적절한 위치에 정자를 배치한 것이다. 그러니까 정원과 원림의 차이는 자연과 인공의 관계에서 어느 쪽에 더 무게를 둔 것이냐의 상대적인 차이라고 하겠다. 우리가 찾아갈 명옥헌과 독수정이 바로 정원이 아닌 원림이다.

　또 한편 독수정과 명옥헌은 누정 건립 과정에서도 아버지로부터 아들에 이르는 건립의 역사를 지니고 있다는 공통점이 있다. 당대 역사의 중심과 밀접한 관련을 가진 정자의 주인들이 생전에 못다 이룬 뜻을 아들 대에서 이룬다는 스토리도 유사한 측면이 있다. 독수정의 주인 전신민(全新民, 생몰연대 미상)은 고려 말 북도안무사 겸 병마원수와 병부상서를 지냈지만 조선 건국에는 참여하지 않고 가족들을 이끌고 송도로부터 먼 남녘땅으로 이주해서 은거한 인물이다. 명옥헌의 비조로 일컬어지는 오희도(吳希道, 1583~1623)는 인조가 왕위에 오르기 전 뜻을 같이할 인재를 구하는 중에 만난 인물로 회자된다. 역사의 부침 속에서 이들은 자신의 진퇴를 정하고 결연히 한길을 갔다. 물러나야 할 때 주저 없이 물러났고 나아가야 할 때 분연히 나아가서 자신의 길을 갔다. 덕분에 역사의 한 이름을 얻었으나 당대에는 자신의 뜻을 담을 집 한 채 제대로 남기지 못했다. 그 몫은 그들의 아들대로 이어져서 비로소 꽃을 피웠다.

사람이 죽어 역사에 이름을 남기기 위해서는 뚜렷한 행적과 함께 문장과 예술작품을 남긴다. 그 예술 가운데 일생일대 자신을 닮은 집 한 채 짓는 것은 예나 지금이나 얼마나 큰 의미를 갖는 것인가. 집 한 채 짓다가 십 년을 늙는다 해도 집을 짓는 일은 여전히 많은 이들의 꿈의 목록이 아닌가. 무등산 아래 주위를 둘러보라. 송순은 면앙정을 남겼고, 양산보는 소쇄원을 남겼다. 정철은 송강정을 남겼고, 김덕보는 풍암정으로 남았다. 독수정은 전신민의 이름으로 600년을 건너왔고, 명옥헌도 오희도의 이름으로 400년 세월을 지나왔다. 한 사람의 흔적으로 이보다 더 확실한 족적이 또 얼마나 있겠는가.

북향의 은일 공간

소쇄원 원림을 한참 지나서 남면 면사무소를 지나 남면초등학교에서 오른편 무등산 쪽으로 접어들면 연천리(燕川里) 산음동(山陰洞) 산기슭 솔숲 속에 독수정이 손에 잡힐 듯 앉아 있다. 산기슭 아래 가느다랗게 흐르는 제비내(연천)를 건너면 독수정으로 오르는

오솔길에서 세월의 무게를 담고 있는 소나무 숲을 만나게 되고, 거기 무등산 북쪽 자락에 기대 북향으로 돌아앉은 독수정이 있다.

지금의 독수정 아래 연천의 다리는 1994년에 완공한 산음교다. 무등산 자락을 휘감아 도는 무돌길 제5길이 여기 산음교에서 시작한다. 2013년 3월 무등산이 국립공원으로 승격한 뒤로는 규봉암, 장불재로 이어지는 탐방로의 출발점이 되는 함충재 탐방지원센터가 독수정 아랫녘에 자리 잡고 있어서 사람들의 발길이 더욱 잦아졌다.

지금 우리가 만나는 정자는 1972년에 회종, 완종 등의 후손이 중수한 것으로 정면과 측면 모두 세 칸으로 되어 있고, 중앙 재실(齋室)이 있는 팔작지붕의 건물이다. 전신민의 13세손인 홍혁과 그의 종형 재혁이 1891년(고종 28년)에 중건하려 했으나 뜻을 이루지 못하고, 1915년에 홍혁과 종혁이 다시 힘을 합해 중수하게 되었다. 1971년에는 이전에 있던 정자 건물을 모두 철거하여 문화재 지정을 받지 못했는데, 1982년 주위의 원림만 전라남도 지방기념물 제61호로 지정받았다.

독수정원림은 조경적인 측면에서 고려시대에 성행했던 산수원림의 기법을 이 지역에 들여오는 데 선구적인 역할을 했으리라 추정되고, 주변 다른 정자에도 영향을 주었으리라 평가된다. 기문 등에 남은 글을 보면 조성 당시에는 절개의 상징으로 뒤뜰에 소나무를, 앞뜰에는 대나무를 심은 것으로 보인다. 그 가운데 소나무는 현재까지도 명맥을 이어오고 있으나 대나무의 모습은 보이지 않는다. 현재 원림에는 여러 노거수들이 보호수로 보살핌을 받고 있는데, 소나무를 비롯해서 느티나무, 회화나무, 왕버들, 참나무, 서어나무 등이다. 여기에 최근에 심어진 배롱나무, 매화나무, 살구나무, 산수유나무 등도 독수정의 운치를 더해 주고 있다.

독수, 홀로 견뎌낸 세월

독수정은 고려말 북도안무사 겸 병마원수와 병부상서를 지낸 서은(瑞隱) 전신민(全新民)이 1393년(태조 2년)에 건립한 것으로 알려져 있으나 후손 전홍혁의 「독수정중수기(獨守亭重修記)」에는 전신민의 아들 청절공(清節公) 전인덕(全仁德)에 의해 창건되었다는 기록도 있어 단언할 수는 없다. 『호남창평지(湖南昌平誌)』 누정조(樓亭條)에 수록되어 있는 「독수정술회병서(獨守亭述懷并序)」와 「독수정원운(獨守亭原韻)」에 "죽지 못하고 운둔한 신하(未死逐臣) 전신민"이라는 구절이 있어 조선초 전신민 건립설을 뒷받침한다.

지난 풍우에 마침내 가족을 이끌고 남쪽으로 내려왔는데 곧 시석산의 북쪽 산록 십여 리에 인연을 맺어 거처를 마련하였다. 난리의 시대를 당하니 외로운 신하가 나라 잃은 서글픈 마음을 더욱 이기지 못하고 단지 아직 죽지 못한 것이 한이 될 뿐인데 가슴에 맺힌 것을 기탁할 방법이 없어, 이에 마을의 동쪽 산록 높은 곳, 계곡이 굽돌아간 꼭대기 부근에 작은 정자 하나를 구축하고, 이름 하기를 독수라 하나니, 그것은 영원히 두문(杜門)한 뜻을 잊지 않겠다는 맹세의 말이다. 또한 후원에 소나무를 심고,

마을의 동쪽 산록 높은 곳, 계곡이 굽돌아간 꼭대기 부근에
작은 정자 하나를 구축하고, 이름 하기를 독수라 하나니,
그것은 영원히 두문(杜門)한 뜻을
잊지 않겠다는 맹세의 말이다.

앞 섬돌에는 대나무를 옮겨 심어 두고 매양 눈 내리는 아침과 달 밝은 저녁을 만나면 이곳을 왔다 갔다 하면서 시를 읊고 노래하면서 회포를 풀어 버리는 한 가지 수단으로 삼았노라.

- 「독수정에서 회포를 서문과 함께 쓰다(獨守亭述懷幷序)」

조선의 건국과 고려 왕조의 소멸을 지시하는 '지난 풍우(往年風雨)', '난리의 시대'에 외로운 신하의 한을 이기지 못한 선택은 무엇이었을까? 세상의 질서가 하루아침에 바뀌어버린 시절 당대 지식인들에게 놓여진 선택지는 많지 않았다. 새로운 질서에 순응하여 새 하늘을 이고 살아가는 길이 아니면 죽음으로 맞서거나 은둔을 택하는 수밖에 없었다. 정자의 이름으로 '홀로 지킨다'의 '독수(獨守)'에는 영원히 두문(杜門)할 뜻을 맹세한다는 그 주인의 비장함이 서려 있다.

그가 후원에 심었다는 소나무, 앞 섬돌의 대나무가 오늘 우리가 만나는 소나무 숲, 대나무 숲일 리는 만무하지만, 그래도 이 서문을 알고 지금의 정자를 둘러싸고 있는 소나무 숲과 대나무 숲을 대한다면 그 기운이 남다를 것이라는 생각을 해본다.

다음은 「독수정원운(獨守亭原韻)」이다. 독수정 건립의 내력이 작자의 정한과 함께 잘 드러나 있는 시다.

세상 일이 막막하여 생각이 많아지는데	風塵漠漠我思長
어느 깊은 숲에 늙은 이 몸을 기댈까	何處雲林寄老蒼

천리 밖 강호에서 백발이 되고 보니	千里江湖雙鬢雪
한 세상 인생살이 슬프고 처량하네	百年天地一悲涼

왕손 기다리는 방초는 봄이 가는 것을 한탄하고	王孫芳草傷春恨
제자 찾는 꽃가지는 달빛에 눈물 짓네	帝子花枝叫月光
바로 여기 청산에 뼈를 묻어	卽此靑山可埋骨
장차 홀로 지킬 것을 맹세하고 집 한 채 지었네	誓將獨守結爲堂

마지막 두 구가 옛 창평의 제비내(鷰川) 산음에 들어와 '홀로 지킬 것'을 다짐하며 정자를 지어낸 내력을 잘 담고 있다. 대장부로 살아온 꼿꼿한 한 늙은이가 온통 슬프고 처량한 눈물 속에서 인생을 돌이키며, 막막한 세상일을 천리 밖의 청산에 의지하여 견디고자 하는 것이다. 말이 '독수' 이지 오죽이나 외롭고 서럽고 한스러웠을까?

항일 운동가이자 『급우재속집(及愚齋續集)』을 남긴 김녕한(金寧漢, 1878~1950)이 지은 「독수정기(獨守亭記)」에, 독수정의 '독수(獨守)'라는 글자는 이백(李白)의 시 「소년자(少年子)」라는 작품의 마지막 구절에서 가져왔다고 서술하고 있다.

푸르른 청춘 소년들이	靑春少年子
탄궁을 옆에 끼고 장안 누대 옆에서 노니네	挾彈章臺左
안장 얹은 말은 사방을 달리고	鞍馬四邊開

왕손 기다리는 방초는 봄이 가는 것을 한탄하고
제자 찾는 꽃가지는 달빛에 눈물 짓네
바로 여기 청산에 뼈를 묻어
장차 홀로 지킬 것을 맹세하고 집 한 채 지었네

갑자기 달리는 것이 유성이 지나가는 것 같네	突如流星過
금으로 만든 탄환으로 나는 새를 떨어뜨리고	金丸落飛鳥
밤에는 구슬로 장식한 누각으로 들어가 눕네	夜入瓊樓臥
백이와 숙제는 누구인가	夷齊是何人
홀로 서산에서 절개를 지키며 굶주렸다네	獨守西山餓

— 이백(李白), 「소년자(少年子)」

곧 "백이 숙제는 누구인가! 홀로 서산에서 절개를 지키며 굶주렸다네[夷齊是何人, 獨守西山餓]"라는 구절에서 취했다는 것이다. 은나라 말에 백이와 숙제가 주나라의 녹속을 먹지 않겠다고 수양산에 들어가 고사리를 캐먹으며 서산에 은거하며 충의의 삶을 살았듯이 그도 또한 국운이 다해가는 고려를 위해 충의로운 삶을 선택한 것이다.

이백의 「소년자」는 "독수서산아(獨守西山餓)"로 끝맺음 하는 마지막 부분에 이르기 전까지 소년들의 호기롭고 화려하면서도 즐거운 청춘의 한때를 대비하여 보여준다. 푸르디푸른 청춘의 소년들, 청춘들에게 어울리는 활기 있고 호화로우면서도 떠들썩한 '협탄, 장대, 안마, 금환, 옥루'가 있는 풍경이 홀로 서산에서 절개를 지키고 굶주리며 생을 마친 충절의 상징 백이 숙제의 모습을 더욱 장엄하게 부각시키고 있다.

격변의 시대에 장대와 경루로 상징되는 화려한 출세와 영화로운 삶의 길을 저 멀리 던져두고 깊은 산, 앞내로 자신을 홀로 가두고 온갖 세상의 유혹을 견디어 내고자 했던 지독히도 외롭고 쓸쓸한 자신의 모습을 백이와 숙제의 표상으로 위로하고 있다. 백이숙제의 이야기를 토대로 절의의 역사를 좀 더 상세히 알아보자.

절의의 역사

눈물을 뿌린 창상에 죽지 못한 몸이	淚灑滄桑不死身
옛 송악산 푸른빛이 소매에 가득 차네	古松岳色翠盈巾
슬프도다 지난날 입었던 조복은	可憐往日朝衣服
지금은 상자 속에서 모두 먼지가 피었으리	猶在金箱摠爲塵

– 「삼가 채미헌(採薇軒) 운에 기대 쓰다(謹用採薇軒韻聊以言志)」

동으로 왔으되 조복만은 신하의 몸에 있으며	東來朝服在臣身
멀리 송경을 바라보면 눈물이 수건에 적시네	遙望松京哭滿巾
요순 세상은 이미 멀어졌으니 나는 어디로 갈까	唐虞世遠吾安適
저 서산으로 들어가 세상일을 끊으리	稽首西山繼絶塵

– 「채미헌(採薇軒) 부원운(附原韻)」

채미(採薇)는 고사리를 캔다는 뜻으로 사마천(司馬遷)이 지은 『사기(史記)』의 「백이숙제열전편」의 고사로부터 유래한 말이다. 백이와 숙제는 본래 은나라 고죽국(孤竹國)의 왕자들이었다. 선왕이 죽은 뒤 두 사람 모두 후계자가 되기를 사양하고는 고죽국을 떠나버리자 결국 왕위는 가운데 아들이 물려받았다. 그 무렵 주나라의 무왕(武王)이 은나라의 주왕(紂王)을 멸하고자 군사를 일으켰다. 백이와 숙제는 무왕의 정벌이 신하가 천자를 배신한 인의(仁義)에 위배되는 일이라 하여 군대의 앞길을 막아선다.

아버님이 돌아가신 후 아직 장사도 지내지 않았는데 전쟁을 할 수는 없다. 그것은 효가 아니기 때문이다. 주나라는 은나라의 신하 국가이다. 어찌 신하가 임금을 주살하려는 것을 인이라 할 수 있겠는가

이에 무왕이 크게 노하여 이들을 죽이고자 했으나 강태공이 이들은 의로운 사람들이라 하여 죽음을 면했다. 그럼에도 결국 은나라는 주나라에 망하자 백이와 숙제는 수양산으로 들어간다. 왕미자라는 사람이 찾아와 백이와 숙제를 탓하며, "그대들은 주나라의 녹을 받을 수 없다더니 주나라의 산에서 주나라의 고사리를 먹는 일은 어찌된 일인가" 하고 책망했다. 두 사람은 고사리마저 먹지 않았고, 마침내 굶어 죽게 된다.

공자를 비롯한 유가에서는 그들의 절의를 칭송했으나, 사마천은 『사기』에서 역사의 비정함을 이렇게 통탄했다.

천도는 공평무사해 항상 착한 사람을 돕는다고 했다. 그러나 두 사람은 인덕을 쌓고 행실이 깨끗했지만 불행하게 죽고 말았다.
오늘날에도 사람들이 싫어하는 일만 하면서도 평생 향락과 부귀를 누

리는 사람이 있는가 하면, 갈 만한 곳을 골라 가고, 때에 맞게 말을 하며, 공명정대한 일이 아니면 절대로 하지 않는 사람들이 화를 당하는 일이 너무 많으니 이건 대체 어찌 된 일인가. 이런 것을 천도라고 한다면, 과연 그 천도는 옳은 것인가 그른 것인가

— 사마천, 『사기』 「백이숙제열전편」

여기에 덧붙여 「백이숙제열전편」에는 「채미가(采薇歌)」가 전해지고 있다.

저 서산에 올라	登彼西山兮
산중의 고사리나 꺾자	采其薇矣
포악함을 포악함으로 바꾸면서도	以暴易暴兮
그 잘못을 모르는구나	不知其非矣
신농과 우하의 시대는 가고	神農虞夏 忽焉沒兮
우리는 장차 어디로 돌아갈 것인가	我安適歸矣
아, 이제 떠나야 하리	于嗟徂兮
천명이 모두 쇠하였구나	命之衰矣

고려와 조선을 잇는 천 년의 우리 역사에서 백이 숙제와 같은 절의 상징은 누가 있을까. 그 첫 자리에는 포은 정몽주가 있다. 성리학의 시조이자 고려 말 뛰어난 외교가이자 개혁적 정치가였지만 끝내 고려왕조를 부정하고 새 왕조의 개창을 반대하여 이성계의

고려가 망하자 전신민은 이곳에 독수정을 짓고 은거했다. 아침마다 북쪽을 향해 엎드려 통곡했다. 독수정이 북향인 이유이다.

역성혁명파에게 죽임을 당하였다. 중종 12년(1517년)에 문묘에 배향되었으며, 개성의 숭양서원 등 13개 서원에 제향되었고, 시호는 문충(文忠)이다.

정몽주가 선죽교에서 피를 뿌려 절의를 지킨 내력은 그가 남긴 「단심가」로 응축되어 충절의 상징이 되었다. 『해동악부(海東樂府)』와 『포은집(圃隱集)』에 다음과 같이 한역되어 전한다.

이 몸이 죽고 죽어	此身死了死了
일백 번을 다시 죽어	一百番更死了
백골이 흙이 되어	白骨爲塵土
혼백이야 있든 없든	魂魄有也無
님 향한 일편단심이야	向主一片丹心
변할 까닭이 있으랴	寧有改理與之

이 몸이 죽고 죽어 일백 번 고쳐 죽어
백골(白骨)이 진토(塵土)되어 넋이라도 있고 없고
임 향한 일편단심(一片丹心)이야 가실 줄이 있으랴

오백년을 이어온 고려왕조가 국운이 다해 결국 멸망할 때 충절을 지킨 이들이 모두 포은 정몽주의 길을 갔던 것은 아니다. 많은 인사들이 새롭게 열린 나라 조선의 공신이 되어 개국의 깃발 아래 구름처럼 모여들었다. 그러나 새로운 나라의 창업에 동참하지 않고 이미 무너져버린 고려왕조에 끝까지 충절을 지킨 사람들이 있었다. 세상에 다시 나오지 않을 각오로 두문동(杜門洞)에 들어간 사람을 비롯하여 두 나라, 두 임금을 섬기지 않겠다고 선언한 이들이다. 수양대군의 왕위 찬탈에 맞서 단종 복위를 꾀하다 죽은, 사육신(死六臣) 성삼문(1418~1456)도 그렇다. 백이·숙제를 호명하여 고사리의 표상으로 자신의 충절을 각인한다. 다음 시조가 그 유명한 수양산가(首陽山歌)다.

首陽山 보라보며 夷齊를 恨ᄒ노라
주려 죽을진들 採薇도 ᄒᆞ는것가
아모리 프시엣거신들 긔 뉘 ᄯᅡ희 낫더니

거사를 기획했다가 아버지 성승과 함께 대역죄인으로 멸문의 참화를 당한 성삼문. 동생들과 그의 아들들, 가문의 사내란 사내는 모조리 죽임을 당하고 아내와 딸은 관비로 박혔으며, 가산은 몰수됐다.

그러나 얼마 지나지 않아 이들은 충절의 상징이 되어 신원 운동이 끊이지 않았다. 정몽주는 중종대에 문묘에 배향됐고 성삼문은 200여 년 뒤 숙종대에 관작이 회복됐다. 정몽주의 시호가 문충(文忠), 성삼문은 충문(忠文)이다.

북향의 독수정과 「독수정십사경(獨守亭十四景)」

고려가 망할 때 전신민은 병부상서로서 포은(圃隱) 정몽주(鄭夢周, 1337~1392)와 뜻을 함께했다. 정몽주가 선죽교에서 살해당하고 고려가 결국 망하자 두문동 72인과 더불어 은거의 삶을 살게 된다. 새 왕조가 여러 차례 불렀으나 나아가지 않으며 절의를 지켰고, 매일 아침 조복(朝服)을 입고 북쪽을 향해 곡배(曲拜)를 했다고도 전한다. 대개 볕바른 남쪽을 향하는 다른 정자들에 비해 독수정이 북쪽을 향하고 있는 이유다.

정자와 산은 높고 물은 또 길게 흐르니	亭與山高水又長
오백 년 지나간 자취는 공연히 창창하기만 하네	半千往蹟空蒼蒼
삼공으로도 바꾸지 못함은 그대의 집 업적이요	不換三公君世業
오월에 덥다 말하지 마오 내 마음은 서늘하네	勿言五月我心凉
뜰에 나가 어긋나게 섰으니 달빛이 새어 들고	庭樹參天漏月色
들에는 벼가 누렇게 익었으니 가을빛이로세	郊禾盈畝動秋光
술잔을 멈추고 닭이 목메어 우는 소리를 들으니	停盃悵聞鷄聲咽
여기가 두보의 초당과 어떠할까	此地何如杜草堂

— 충주(忠州) 박원우(朴源佑)

독수정에는 중건과 중수의 내력을 담고 있는 기문과, 전신민의 「독수정원운」에 차운한 후대의 여러 시편과 「독수정십사경(獨守亭十四景)」이 걸려 있다. 완산(完山) 이광수(李光洙)가 지은 「독수정십사경」의 제목을 살펴보면 섬계명월(剡溪明月), 모봉청람(帽峰晴嵐), 금산단풍(金山丹楓), 서봉모종(瑞峰暮鐘), 재계초가(幸溪樵歌), 가정청풍(稼亭淸風). 삼산채하(三山彩霞), 선동백운(仙洞白雲), 조담어화(槽潭漁火), 소정농가(蘇亭農家), 산성모우(山城暮雨), 층암폭포(層巖瀑布), 연봉청설(蓮峰晴雪), 연교반조(鳶橋返照) 등이다. 모봉, 금산, 서봉, 삼산, 산성, 연봉은 모두 하나같이 독수정의 근경과 원경의 실제 지명을 떠올리게 하는 이름들이어서 더욱 실감을 준다.

어젯밤 성남에 성근 비가 내리더니	昨夜城南疏雨過
입추의 가을 경치는 또 어떠한가	新秋秋色復如何
푸른 산봉우리가 흡사 오사모 같은데	靑峰眞的烏紗帽
청풍이 떨기를 이뤄 물방울처럼 불어오네	簇簇淸風滴滴多

  -「모봉청람(帽峰晴嵐)」

시내 서쪽 물가에서 가을바람 일어나니	一溪西畔又秋風
서리 맞은 단풍이 더욱 붉게 보이네	別有霜楓晚更紅
요염한 자태는 꽃보다 더 아름다우니	濃艶勝於花爛漫
금산이 바로 황금이 있는 산이로세	金山便是金山中

  -「금산단풍(金山丹楓)」

구름이 만든 고개가 산봉우리 가린 곳   雲潤一嶺罨諸峰

절에는 희귀한 꽃들이 가득 피었네	法界曇花滿地濃
추측건대 늙은 중이 외출하고 돌아와	料得胡僧還出定
땅거미 내리자 처량한 종소리를 내는가 보다	只淀薄暮落寒鐘

– 「서봉모종(瑞峰暮鐘)」

멀리 있는 삼인산에 다시 꽃이 피었을까	三山杳杳復花花
영롱한 비단 놀이 오색으로 빛나네	霞綺玲瓏五彩光
처음부터 붉은 대추와 벽도를 먹고	火棗初紅桃又碧
큰 자라 등 위에 오르니 선향이 이곳일세	大鰲背上一仙鄉

– 「삼산채하(三山彩霞)」

동풍이 멀리서 비를 몰아오느라 어둑어둑한데	東風吹雨遠微微
꽃이 산성을 둘렀으나 아무것도 날아오지 않네	花繞山城摠不飛
화각 소리 속에서 해가 지려는데	畵角聲中天欲暮
행인들 꽃비에 옷 젖을까 걱정을 하네	行人愁殺濕香衣

– 「산성모우(山城暮雨)」

한 떨기 연꽃으로 봉우리를 이룬 곳	蓮花一朶一峯層
하늘에 닿을 듯한 눈 새벽까지 오다 개었네	曉雪連天日又昇
흰 학이 봉새의 흰빛을 누른 격이니	皓鶴奪鮮鵬失素
글로써 이를 비기려 하나 어려워 부끄럽네	擬將詞賦愧難能

– 「연봉청설(蓮峰晴雪)」

홀로 지켜온 꽃다운 이름은 백세를 이었는데

그때의 일을 물어보니 아득하며 창창하네

고사리 향기를 두 손으로 움켜쥐니 어느 때 캐었는고

보리 이삭을 보니 마음은 아프고 달은 차갑네

제비가 이름을 전했다는 외나무다리	鷰子傳名此一杠
꽃 사이로 낙조가 푸른 물에 비치네	花間返照入滄江
어부들의 노래 그치고 슬픈 노래 이어지니	漁歌初歇商歌和
다투어 화로 옆으로 가서 술병을 기울이네	競向爐頭倒酒缸

- 「연교반조(鷰橋返照)」

  이 작품은 완산 이광수가 서은 전신민과 독수정을 추모하며 읊은 작품이라고 되어 있지만 그의 문집 『옥산집』과 아버지 이승학의 『청고집』 등을 살펴도 「독수정십사경」은 보이지 않아서 더 고증을 해야 하는 과제가 남는다.
  「연교반조」의 연교는 독수정에 이르기 위해서 반드시 건너야 하는 연천, 즉 제비내에 놓인 다리 이름이다. 지금의 독수정 아래 연천의 다리는 1994년에 완공한 산음교다. 무등산 자락을 휘감아 도는 무돌길 제5길이 여기 산음교에서 시작한다.
  연교를 사이에 두고 독수정이 자리한 공간은 탈속의 은거지이자 '독수(獨守)'의 혼이 서린 곳이다. 다리 건너기 전 이쪽의 세속 공간은 곳곳이 아름답고 흥취를 주는 공간들이다. 그런데 제비다리 너머 탈속의 공간에서 낙조를 대하니 자연히 노래는 쓸쓸하고 슬퍼진다. 그리하여 홀로 세상과 담을 쌓고 외로이 의리를 지켜온 정자의 옛 주인을 기리며 다투어 술병을 기울이는 것으로 시상을 마무리했다.

망국의 때에 다시 호명되는 독수정

얄궂게도 세상의 역사는 반복되어 백이 숙제의 삶을 따라간 고려 말 충신들의 모습은 훗날 오백여 년 조선의 역사에도 여러 차례 다른 모습으로 나타나다 끝끝내 망국으로 치닫고 그때의 선비들에 의해서 다시금 호명된다.

「독수정원운」에 차운한 김동수, 정운오, 김기주, 오승규, 정공원, 유육, 김헌규, 김기환 등의 작품도 전하는데 19세기 후반 또는 20세기 초반의 것들로 이들 작가들에 대해서는 후속 연구가 있어야 할 것으로 보인다. 작품으로 남은 구절들을 따라 그들이 오백여 년 뒤까지도 공명하고 있는 바가 무엇인지 찬찬히 살펴볼 만하다.

홀로 지켜온 꽃다운 이름은 백세를 이었는데	獨守芳名百世長
그때의 일을 물어보니 아득하며 창창하네	爲詢興廢事蒼蒼
고사리 향기를 두 손으로 움켜쥐니 어느 때 캐었는고	薇香盈掬何時採
보리 이삭을 보니 마음은 아프고 달은 차갑네	麥穗傷心霽月凉
시내와 산은 저마다 옛 모양 그대로인데	尚有溪山依舊態
길과 배를 보니 새 빛이로세	更看途艭耀新光
두견새 소리 들으며 손님이 와 있는데	客來杜宇聲中立
들풀은 한들한들 정자엔 달빛이 가득하네	野草迷離月滿堂

— 차운(次韻), 교리(校理) 김동수(金東洙)

고사리 캐며 부른 노래 뜻이 깊어	採薇歌曲意旋長

통곡하며 공산을 보니 나무만 푸르네	哭向空山萬木蒼
마을이 복숭아꽃으로 잠기니 봄은 한적하고	洞鎖桃花春閑寂
문 앞엔 풀잎들 푸르러 빗소리 서늘하네	門連草色雨蕭凉
만 가지로 번복된 일은 뜬구름 그림자요	萬端翻覆浮雲影
한 가지 처량한 소식은 흘러가는 물빛이네	一信凄寒逝水光
소 치는 아이들이 지금도 가리킨 것은	指點于今蕘牧在
앞 시냇가에 세월이 깊은 옛 정자라네	前溪歲月舊時堂

― 오천(烏川) 정운오(鄭雲五)

 차운(次韻)은 본래 원시(原詩)와 동일한 운(韻)을 동일한 순서대로 사용하는 시작법이자 시의 유형이다. 차운을 하면 원시의 운과 형식뿐만 아니라 주제까지도 수용하는 예가 많다.

 교리 김동수의 차운은 원운의 이미지를 잘 살려 그 의미를 새기고 있다. 홀로 지켜온(독수) 꽃다운 이름이 역사 속에서 오래도록 이어옴을 중의적으로 드러내고 있는데, 예컨대 고사리 향기(薇香)와 서늘한 달빛(月凉)은 원운을 차용하면서도 전고를 끌어와 적절한 대구를 지어내 의미의 깊이를 더하고 있다. 백이숙제가 고사리를 캤다는 고사와 '맥수상심(麥穗傷心)'으로 보리 이삭을 보고 망국의 한에 상심하는 은나라 기자의 고사를 끌어와 망국의 때를 더욱 깊게 배경으로 삼고 있는 것이다. 고사리와 달빛, 그것은 시인에게 예사로운 것이 아니다. 저 먼 기자의 은나라와 500년 전 고려의 시간을 건너와 조선의 끝자락까지 망국의 비애를 공명하는 상징이다.

오천 정운오의 차운도 고사리(採薇)를 꺼내 들고 변치 않는 산과 나무의 푸르름(蒼)을 말한다. 빗소리의 서늘함(凉)으로 달빛을 대신하고, 처량한 심사를 흐르는 물빛(光)에 담고, 세월 깊은 정자(堂)의 유구함을 읊는다.

이러한 시적 분위기와 정서는 독수정에 새겨진 절개의 상징, 채미(採薇)의 키워드와 창(蒼), 량(凉), 광(光), 당(當)의 운을 따라 다음 차운 시들에도 공명하여 오늘에까지 이르고 있다.

백헌의 집안에서 홀로 지킨 지 오래이니	栢軒家中獨守長
산음의 산과 물이 울울창창하네	山陰山水鬱蒼蒼
오백 년 전에 숨은 사람이 되었으니	五百年前成隱逸
한낱 동경에서 들린 말은 서늘하네	一東京裡奏伊凉
앞뜰의 늙은 매화는 새로 열매를 맺었고	古院老梅新結子
중천의 희미한 달빛은 다시 밝아오네	中天迷月復圓光
이제라도 선생의 글씨를 얻는다면	如今若得先生筆
마땅히 충효당이라 써서 걸겠네	揭號直書忠孝堂

― 광산(光山) 김기주(金箕疇)

서은 선생이 숨은 지 이미 오래이니	瑞隱先生遯往長
곧은 충정 높은 절개는 하늘이 내었도다	貞忱堅白質天蒼
요 임금 때의 옛것은 오직 산뿐이고	唐堯舊物山存獨

도연명의 새 거처는 이슬이 맺혀 서늘하네　　　　晋士新乘露滴凉
괴이한 새소리는 옛일을 말한 듯　　　　　　　　　怪鳥如言千古事
층층 난간은 사시 경치도 좋을시고　　　　　　　　層欄可賞四時光
뜰에 가득한 꽃나무 그늘 속에　　　　　　　　　　滿庭花樹搶餘陰裡
축하하노니 그대 가문의 자랑스런 정자를 이어가소서　爲賀君家維肯堂
　　　　　　　　　　　　　　　－ 금산(錦山) 오승규(吳升圭)

술기운은 늦게 오르고 뜻은 다시 깊으니　　　　　酒氣晚添意更長
시내 남쪽 산빛은 지금도 푸르렀네　　　　　　　　溪南山色尙蒼蒼
어느 해 세상을 피하였는고 소나무 동산 깊숙하고　何年避世松園邃
올 여름엔 시냇가에 숨으니 대사립이 서늘하네　　今夏逃溪竹戶凉
이미 후손이 유적을 지켜오니 사랑스럽고　　　　　已喜子孫傳舊業
학문은 다시금 새 빛이 남을 보았네　　　　　　　即看文墨耀新光
저 샘과 꽃 돌도 오히려 아까운데　　　　　　　　平泉花石猶堪惜
하물며 그대 집안에 또 이 정자가 있음에랴　　　　況復君家有此堂
　　　　　　　　　　　　　　　－ 진사(進士) 정공원(鄭公源)

저 터전에 기장이 수북함에 감회가 있어　　　　　彼黍離離懷緖長
그 노래를 부르며 하늘에 호소하네　　　　　　　　寢言歌此號蒼蒼
어느 해 바람과 비에 멀리 날아 떨어지고　　　　　那年風雨遐漂落
많은 세월 시내와 산을 홀로 거닐고 있었는가　　多是溪岑獨踽凉
섬돌의 국화꽃엔 그날 행적이 남아 있고　　　　　繞砌黃花留日跡

뜰 앞에 푸른 풀은 봄빛을 절구질하네	滿庭翠色臼春光
산음 조그마한 곳에 유적이 있으니	山陰小墅菀裘在
백세라도 후손이 이 정자를 지키리	百世賢仍護一堂

― 문화(文化) 유육(柳堉)

그 옛날 문 닫고 숨었던 일 생각하면 눈물이 흐르니	憶昔杜門感淚長
호남으로 돌아오며 모든 일을 하늘에 맡겼네	南歸萬事付穹蒼
세상은 돌고 돌아 변하게 마련인데	先天浩劫滄桑變
이 땅의 맑은 바람으로 물과 대나무가 서늘하네	此地淸風水竹凉
농사짓는 늙은이는 지금도 그 행적을 말하고	野老猶能談古蹟
글 짓는 사람은 그 남긴 빛을 보기가 어렵네	騷人難得睹餘光
천년이라도 썩지 않을 얼음과 서리 같은 절개는	千秋不朽氷霜節
심석이 일찍이 그를 써 걸었네	心石曾年筆揭堂

― 승지(承旨) 울산(蔚山) 김헌규(金憲圭)

산은 깊고 정자는 높으며 시내는 길게 흐르니	山深亭高澗流長
홀로 지켜온 그 이름을 저 하늘에 물어볼까	獨守令名問彼蒼
노중련의 발자국은 동해를 밟았고	魯士遠蹤東海蹈
도연명의 높은 절개는 북창이 서늘하네	陶翁高節北牕凉
소나무와 잣나무 그늘은 서로서로 얽혀 있고	堪憐松栢曾交影
붉고 푸른빛 저절로 있는 것 쓰지 못하네	不用丹靑自有光
오늘에 고치면서 감회도 많으니	今日增修多感舊

천년이라도 빛난 대의는 당당하리라   炳然千秋義堂堂

- 진사(進士) 선산(善山) 김병규(金秉圭)

독수정은 높고 쌓인 한은 깊으니   獨守亭高積恨長
외로운 충심 사라지지 않고 하늘까지 닿았네   孤忠不滅亘窮蒼
사방이 다 산이니 소나무 운치가 스며들고   四面皆山松韻滴
한쪽은 물소리요, 대나무 그늘은 서늘하네   一方如水竹陰凉
호는 본래 사마의 즐거움을 따름이 아니니   取號元非司馬樂
숨은 것은 동생(董生)의 자취와 어찌 다르리   隱居跡伴董生光
눈앞의 풀과 나무 그 빛도 좋으니   眼前草木多精彩
떨어질 줄 모르는 가문의 명성이 정자로세   不墜家聲是肯堂

- 은진(恩津) 송조헌(宋祖憲)

술 들고 정자에 오르면 감회가 다시 깊으니   把酒登亭感更長
선생의 지난 행적 언제나 창창하네   先生往蹟轉蒼蒼
높은 절개는 뜰 앞 소나무로 푸르고   挺著孤節庭松翠
맑은 바람은 시냇가 대나무로 서늘하네   更使清風澗竹凉
새들이야 어찌 나라 일을 알랴마는   禽鳥那知前國事
산봉우리는 지금도 옛 빛 그대로네   峯巒自在舊時光
지나간 세월은 오백 년인데 사람은 다 어디로 갔나   歷年五百人何處
여기서 홀로 지키다가 정자만 남아 있네   獨守惟存此一堂

- 울산(蔚山) 김기환(金琦煥)

슬픈 마음은 땅도 오래요, 하늘도 오래인데	寒心地久天日長
한강 물은 도도히 흐르고 남산은 푸르네	漢水滔滔漢嶽蒼
한 권의 춘추는 모두 적막하게 되고	一部春秋空寂寞
나라의 문물 또한 바뀌었네	列朝文物摠荒凉
꿈에 서쪽으로 돌아가니 기러기 울음소리 목메이고	殘夢歸西咽鴻泣
외로운 충심은 북쪽을 향하여 용의 빛을 쏘네	孤忠向北射龍光
홀로 지키던 집안의 유훈을 이어받아	獨守家庭先訓在
후손들이 이 정자를 다시 고쳤네	後嗣鞅掌構斯堂

― 은진(恩津) 송각헌(宋珏憲)

이 정자가 세워진 세월이 깊으니	翼然亭子記年長
섬돌의 이끼 자국이 늙었다가 다시 푸르렀네	石砌笞痕老復蒼
홀로 지키던 충성심은 이제 적막하고	獨守幽忠多寂寞
외로운 신하가 지은 글은 읽을수록 처량하네	孤臣詞賦讀凄凉
이 산에는 고사리도 지나간 나라의 빛이요	一山薇蕨前朝色
옛 묘소에는 소나무도 옛 빛이라네	舊墓杉松昔日光
옛 일을 돌이켜 지금을 생각하면 눈물 절로 흐르니	懷古傷今惟有淚
후인도 이 정자에 부끄러움이 없다 할까	後人能不愧此堂

― 완산(完山) 이광수(李光洙)

여행 길잡이

변절하지 않는 마음,
독수정

　연천마을의 정겨운 돌담을 지나면 뜻밖의 계곡이 나타난다. 커다란 암반들 사이로 맑은 물이 흐르고 고개 들어보면 턱 하니 산이 시야를 막아선다. 물줄기는 제 뜻대로 흘러가는데 옴짝달싹 안 하는 산은 묵언수행을 하는 것이 아닌가 싶다. 산음교 다리를 건너 가파른 길을 따라 오르면 산음동이라는 마을 표지석이 나온다. 산 아래 음지 마을을 이야기하는 것인지, 삶의 또 다른 음지를 이야기하는 것 아닌지 궁금하다.

　그런데 이 지명이 낯설지 않다. 『동의보감』의 저자 허준이 산음동 출신이라는 것이다. 그 산음동이 혹여 이곳은 아닌지 궁금해진다. 전설적인 명의 허준이 『미암일기』를 쓴 담양 대덕 모현관의 유희춘이 천거하여 어의에 이르렀고, 그 일기에 자주 허준의 이름이 오르내리기 때문이다. 하여튼 음지라 표석의 이끼가 글씨 한 획 한 획을 더 빛나게 해준다.

바위에 새겨진 '산음동'

고개를 휘돌아 오르면 독수정의 처마가 보인다. 이 언덕배기에 정자를 지은 이는 고려 말의 서은(瑞隱) 전신민이다. '서은'은 무등산을 부르는 서석산의 서 자와 숨어 사는 은 자를 취한 것이다. 돌이켜보면 목은(牧隱) 이색, 포은(圃隱) 정몽주처럼 조선의 개국을 반대하며 숨어 살았던 이들이 취했던 호에는 모두 은 자가 들어 있다.

전신민은 고려 말 공민왕 때 안무사겸 병마원수와 오늘날의 국방부장관 격인 병부상서를 지냈다. 이성계의 역성혁명을 감당할 수 없었던 그는 두문동 72현과 함께 두 나라를 섬기지 않겠다며 모든 벼슬을 버리고 이곳으로 내려와 마을을 일구고 정자를 만들었다.

솔개들이 많이 사는 이곳은 본디 솔개 연(鳶) 자와 내 천(川)을 써서 '연천'이었다. 그만치 산세가 험준하다는 것을 뜻한다. 일제는 이런 용맹스러운 이름을 바꾸었는데 솔개 연 자가 쓰기 어렵다며 제비 연(燕) 자로 바꿨다는 구전이 있다. 한편으로는 남면초등학교 뒤편 산자락이 제비집 모양이어서 취했다는 말이 전한다. 그러고 보면 이곳 도로에서 급하게 돌아 화순온천 방향으로 가는 곳의 지명이 '바람모퉁이'이다. 남쪽에서 북쪽으로 확연하게 방향을 튼 지세가 바람을 한꺼번에 만나게 되어 생겨난 것인데, 꼭 전신민의 생애를 닮은 것 같다.

바람모퉁이의 가장 자리에 터를 잡은 전신민은 비록 쓰러진 왕조이지만 고려를 향한 충절을 굽힐 수 없었다. 그래서 정자의 방향을 개성이 있는 북쪽으로 잡았다. 겨울이면 모진 눈보라가 몰아치는 좌향임에도 매일 무너진 조정을 향해 곡배를 올렸다고 한다. 독수정의 '독수'는 홀로 지킨다는 의미로, 의리를 저버린 주나라의 녹을 먹지 않겠다고 수양산에 들어가 고사리를 먹으며 숨어 살다 죽게 된 백이와 숙제를 기리는 이태백의 「소년자」라는 시에서 기원했다.

이런 뜻을 지닌 정자이기에 정면으로는 대나무를 심고, 뒤로는 소나무를 둘렀다. 또한 매화나무를 심어 자신의 뜻을 나무에 담았다. 지조와 절개를 상징하는 나무들이 사방을 둘러싸고 있는 것이다. 그리고 근동에는 아름드리 서나무와 느티나무가 우뚝 솟아 그늘을 만들고 있다. 백일 동안이나 피워내는 배롱나무도 한몫을 한다. 화무십일홍이라고 하지만 배롱나무는 백여 일 동안이나 꽃을 지니고 있다. 여기에 푸른 벽오동 나무도 솟아 있다. 모셨던 왕조, 태평연월을 만들고자 몸부림쳤던 세월에 대한 애증이었을 것이다. 봉황새가 훨훨 날아오는 시대에 대한 꿈이 벽오동에 반영되어 있다.

정자는 1973년에 새로 지어진 것이라 훤칠하고 맵시가 있지만 그가 여기 숨어 살면서 이루고자 했던 뜻을 생각하면 숙연해진다. 서은의 독수정은 무등산 자락 선비들이 수많은 누정을 짓는 단초가 되었다. 이것을 필두로 환벽당, 소쇄원, 식영정, 서하당 등이 지어졌고, 방을 갖춘 남도형의 정자로서 표준 모델이 된 것이라 할 수 있다. 비단 정자에 그치지 않고 주변의 조영에도 영향을 주었다. 대나무와 소나무, 매화, 산수유, 벽오동은 누정의 주변에 가장 잘 어울릴 뿐 아니라 주인의 마음까지 대변해 주는 상징이니 말이다.

인접한 지역에 후손들이 기거하면서 정자를 관리하고 매해 음력 10월 20일 서은을 기리며 제사를 지내고 있다.

여행팁

독수정에 가기 전에 먼저 축적 지도를 보면 바람모퉁이라는 지명이 나온다. 한문투성이의 지명 앞에 신선한 바람이 부는 듯하다. 연천마을로 들어서면 돌담이 정겹다. 돌담길 안 산음교가 나오는데 발 아래로 자연석 암반이 기묘하다. 이 모습 즐기고 올라서면 산음동이라는 표지석이 있다. 마을을 살피면서 정자로 가면 매화, 소나무, 느티나무, 배롱나무, 벽오동 나무 등 늙은 나무들이 속삭인다. 정자에 올라 독수정이라는 반듯한 글씨와 독수정의 주변 풍광을 노래한 「독수정14경」을 음미해 보면 좋다. 옛 풍경이 눈에 잡힐 듯 선하게 들어온다.

명옥헌鳴玉軒

명옥헌
鳴玉軒

　명옥헌은 담양군 고서면 산덕리 후산마을에 있다. 호봉산 산자락 아래 자리 잡은 후산마을은 장계동이라고 불렸다. 광주에서 담양 창평 방면 60번 국도를 타고 가다 만나는 고서사거리에서 광주호와 가사문학관 방면을 오른쪽에 두고 좀 더 지나쳐가면 명옥헌 입구 간판을 만난다. 고속도로라면 호남고속도로 창평IC가 가깝다. 톨게이트를 나와 역시 60번 국도를 타면 산덕리 입구의 간판을 만날 수 있다. 이곳에서 다시 비산비야의 구릉지대를 타고 1㎞ 정도 시골길을 한참 들어가면 후산마을이 나온다.

명옥헌 가는 길
　이 구릉에는 과수농사가 많은데 특히 키 작은 단감나무들로 가을녘에는 저녁노을보다 먼저 들판이 물들어 아름다운 산야를 만들고 있다.
　마을 초입에 새로 조성된 넓은 주차장이 있어서 외부인은 모두 이곳에 차를 세우고 마을 안길을 걸어 들어가야 한다. 주차장 옆으로 마을 초입에는 세련된 카페가 잘 다듬어진 잔디 정원과 함께 지나는 객들을 불러 모은다. 주차장이 마련되기 전에는 명옥헌 가까운 골목 안쪽에서 차량을 이용한 노점 같은 커피 가게가 생겨서 꽤 인기가 있었던 모양인데, 지금은 마을 입구에서부터 손님을 두고 경쟁을 벌이는 형국이다. 아무튼 명옥헌이 있는 마을 맨 안쪽까지 좁은 골목길을 무시로 차들이 드나들었으니 조용한 시골 마을의 인심만으로는 도저히 감당할 수 없는 인파였으리라.

덕분에 멀찍이 차를 두고 호젓하게 동네 안길을 걸어 오래된 시골 마을을 둘러볼 수 있는 호사를 누리게 된다. 차량 차단봉이 설치된 곳에는 200년이 넘은 느티나무가 신주처럼 마을 입구를 지키고 있다. 그 옆으로 작은 저수지 후산제가 있어 초행길인 사람들은 이 물가 어디에 명옥헌이 있는가 하고 두리번거리게 된다. 이 저수지도 마을사람들에게는 명옥헌만큼 오래도록 마을을 지키며 주변 농토의 젖줄 역할을 해왔으리라. 저수지 아래쪽 둑을 든든히 버티고 있는 왕버들 노거수 네 그루와 그 곁에서 생명을 다하고 몸통을 누이고 있는 한 그루의 고목이 마을의 오랜 역사를 증명하고 있다.

하지만 명옥헌은 마을의 맨 안쪽 산기슭 아래 있다는 사실. 후산제를 오른쪽에 두고 좀 더 마을 안길로 들어가면 삼거리 갈림길을 만난다. 명옥헌 가는 길은 오른쪽이지만 우선 왼쪽 길로 들어서는 것이 답사의 순서다. 이 길은 마을의 북쪽 언덕을 오르는 길로 그

끝에는 전라남도 기념물 제45호 후산리 은행나무, 일명 인조대왕 계마행(繫馬杏)이 자리 잡고 있다.

인조대왕 계마행(繫馬杏)과 오동나무

은행나무를 살아 있는 화석이라고 하던가. 조선의 왕 인조가 능양군일 때 천하를 주유하던 중 주위의 추천으로 이곳에 살던 명곡(明谷) 오희도(1583~1623)를 찾은 일이 있었다. 이때 인조의 말고삐를 매어 둔 나무가 바로 이 은행나무라는 것이다. 입에서 입으로 전해지다 후대에 기록으로 남았으니 명옥헌과 후산마을의 역사를 화석처럼 선명하게 증명하고 있는 증거물이 아닐 수 없다.

명옥헌과 은행나무의 옛 내력이 담긴 글은 「장계고동기(藏溪古桐記)」다. 장계골의 오래된 오동나무 이야기라는 뜻이다. 오희도의 후손 오상순(1749~1799)이 1776년(丙申)에 쓴 글이다. 전라남도가 발간한 『병암유고』(향토문화연구자료 제10집, 1987)에 실려 전하는 것이 명옥헌 현판으로 걸려 있다.

오동나무는 오래되면 모가 나 기이한데 오래되어 가장 기이한 것을 아름다운 재목이라 이른다. 거문고와 관곽을 만드는 데 좋으며 병풍, 창, 책상, 함 등에 두루 쓰인다. 알맞은 것을 보면 도끼로 베지 않고, 오래된 것 중에는 십 년, 이십 년에 베어내고 삼십 년, 사십 년 된 것도 있으며 다행히 백 년이나 오래된 것도 있다. 수명이 백 년이 된 것은 최고 오래된 것으로 기이함이 이를 데 없고, 기이하고 기이한 것이 어찌 줄기가 병들고 껍질이 늙고 굽고 공교로워 내가 보기에 장계동의 오동나무가 아니냐. 자라 능히 둘레가 열 아람에 높이는 수백 척이 되어 늙은 거북이 언덕을 오르고 벼자루가 모자라져 배머리가 나와 썩고 근육이 들추어 사지가 벌거벗고 뼈만 서 있는 모습은 구름 같고 늙은 매미가 흔연하고 석장을 의지한 선옹의 옛 모습이 꿈틀거리는 용이 되듯 오래고 늙은 것은 열 아람 백 척의 높이여서 항상 재료로서 중하고 아름다워 거문고, 관곽, 병풍, 창, 책상 함 등에 좋지 아니한 바 없다. 마땅한 것을 보면 몇 개인들 어찌 도끼로 베어낼 것인가 천수를 좇아 본성을 알지 못하고 비바람에 넘어지게 되면 어찌 우연이 아니냐.

　나의 명곡 선생은 혼조에 두문불출하여 십 년의 도를 지키며 늙어서 시냇가에 손수 심고 가꾸었으니 가히 알 수 있다. 인조대왕 당시 정승 원두표와 더불어 시냇가의 오동나무 아래 말을 매어 놓은 것을 보았는데 이백 년 뒤 오늘에도 그 흔적이 완연하다. 한 자리의 풍운이 당시 몇 개의 벽옥(碧玉)을 띠었으니 어찌 천지의 원기를 부지함이요, 귀신의 조화가 아니겠는가. 북돋아 심고 그렇고 그렇지 아니함과 능히 요절치 않고 장수함이 기이하다. 우리 집 북쪽 동산에 은행나무가 있었는데 역시 그러했다. 인조대왕이 말을 매는 은혜가 기이하고 계동과 더불어 다름이 없어 나아가 그 느낌을 아울러 기록하노라.

　이 글로 미루어 보아 예전에는 인조대왕 계마동(繫馬桐)이었던 것이 지금은 은행나무 이야기로 옮겨가 계마행(繫馬杏)이 된 것이리라. 시냇가 말을 매어 놓은 나무는 본래 오동나무였는데 북쪽 동산에 은행나무 또한 이것과 다름이 없었다는 뜻이이라. 아무튼 그 오동나무는 죽어 없어지고 은행나무만 남아 지금도 청정하게 그 역사를 증명하며 마을의 자랑이 되었다.

마을을 둘러싸고 있는 호봉산 산기슭에 서서 늦가을에는 멀리서부터 노란 횃불로 마을을 환히 밝히고 있는 은행나무. 나무의 키만 30m가 넘고 둘레는 족히 열 사람이 두르고도 남을 듯 보인다. 가을날 찾았을 때는 나무 아래로 노란 양탄자를 깐 듯이 풍성한 잎사귀를 바닥에 깔아두고 있었다.

은행나무에서 마을을 굽어보고 남쪽으로 눈을 두지만 명옥헌은 아직 보이지 않는다. 다시 갈림길로 내려와 구불구불 골목길을 따라 마을 안 소잔등 같은 고개를 넘어서면 홀연 산기슭에 비스듬히 펼쳐진 연못과 배롱나무와 꽃그늘 사이로 숨은 듯 자리한 정자, 이곳이 바로 명옥헌원림이다.

옥구슬 떨어지는 연못을 품은 원림

명옥헌은 단연코 늦여름 배롱나무 곧 백일홍이 절정일 때 찾아야 그 진가를 맛볼 수 있다. 한여름 땡볕을 받으며 마을길을 거슬러 고갯마루에 올라서자마자 시선을 압도하는 붉은 배롱나무 꽃밭은 절로 탄성이 나오게 한다.

명옥헌은 정면 세 칸, 측면 두 칸으로 사방이 마루이고 가운데에 방이 있다. 마루가 일반적인 정자에 비해 높은 편이다. 특히 산비탈에 자리 잡고 있어 아래쪽 멀리서도 그 형세에 누마루처럼 높아

우뚝해 보인다. 정자는 북서향으로 앉아 있는데, 마을과 들판이 내려다보이고, 멀리 산등성이로 저녁노을이 내려앉을 때면 그 정경이 일품이다. 조망이 시원하면서도 원림의 지형은 안온한 느낌이다. 북쪽으로 호산의 산자락이 있어 북풍을 막아주고 후산마을을 넘어오는 고개가 소잔등처럼 살짝 시야를 가리면서 왼편으로 들판을 굽어볼 수 있게 해주기 때문이다. 정자가 앉은 산기슭의 지형에 의지해 주변 경관을 차경(借景)하여 시원한 조망을 갖추고 최소한의 인공적인 조경을 가미해 독창적인 원림으로 조영하였다.

정자를 오른쪽으로 하고 돌아 계류를 거슬러 오르면 바위가 있는데, 우암(尤庵) 송시열(宋時烈)이 썼다는 '명옥헌 계축(鳴玉軒 癸丑)'이라는 글씨가 새겨져 있다. 송시열 시대에 계축년이 1613년과 1673년 두 번 있었으니, 송시열과 명옥헌의 연대로 보아

정자를 오른쪽으로 하고 돌아 계류를 거슬러 오르면
바위가 있는데, 우암(尤庵) 송시열(宋時烈)이 썼다는
'명옥헌 계축(鳴玉軒 癸丑)'이라는 글씨가 있다.

1673년을 가리키고 있음을 알 수 있다. 정자의 뒤뜰 왼쪽으로는 흥선대원군 시절 철폐된 도장서원 유허비가 서 있다.

명옥헌이란 이름은 연못으로 흐르는 물소리가 마치 구슬처럼 떨어지며 운다고 하여 지었다고 한다. 기암 정홍명이 쓴 「명옥헌기(鳴玉軒記)」에 이런 구절이 나온다.

내 문도 가운데 오명중이라는 이가 있다. 본래 냉철하고 강개하여 전원에서 지조를 지키며 세상에서 구차한 삶을 구하지 아니하고 마침내 뒷산 기슭에 들어가 두어 칸 작은 집을 지었다. 집 뒤에는 한 줄기 차가운 샘이 있어 콸콸 울타리를 따라 연못으로 들어갔다. 그 소리가 마치 옥이 깨지고 구슬이 굴러 떨어지는 것 같아 사람들로 하여금 그 소리를 듣게 하면 자신도 모르게 더러운 때가 씻기고 청량한 기운이 엄습해오는 것을 느끼게 한다.

매양 고요한 밤 한가한 시간에 자는 듯 마는 듯 눈을 감고 있으면 상쾌한 기운이 옷소매를 적시고, 서늘한 안개가 자리를 적신다. 황연히 내 몸이 하늘나라 궁전과 비빈들이 거처하는 전에 이른 듯했으며 밤이슬을 호흡하면 옥구슬을 탐하여 들어 삼키는 것만 같았다.

뒤편 산자락에서 흘러내린 가느다란 계곡 물줄기는 옥의 소리를 품고 자연스런 물길을 따라 위아래 두 개의 연못으로 차례로 스며들게 하였는데, 상지(上池)는 작고 하지(下池)가 크다. 천원지방(天圓地方)의 우주관이 담긴 형상으로 모두 네모난 형태로 안에는 둥

근 모양의 섬이 조성되어 있다. 조선시대 정원에 많이 나타는 방지원도(方地圓島)형 연못이다.

　연못 둘레를 중심으로 배롱나무가 줄지어 둘러 있다. 배롱나무들은 제법 고목으로 자라 별서원림의 운치를 최고조로 끌어올리고, 남쪽 측면으로는 연못가 배롱나무와 오솔길을 사이에 두고 소나무가 줄지어 자리 잡아 담장과 같은 경계 역할을 하고 있다. 무엇보다 오늘날 명옥헌을 명승으로 각인시키고 사람들의 발길을 끊임없이 이끄는 것은 배롱나무 덕분이다.

붉은 화엄, 배롱나무의 향연

　배롱나무는 그 꽃이 백일 동안 지지 않는다 하여 백일홍이라 부르는데 그 발음이 유사한 순우리말 이름이 배롱나무이다. 낙엽교목 또는 관목으로 분류될 정도로 키가 크지 않은 나무다. 하지만 해묵은 배롱나무는 작은 거인과도 같은 늠름한 기품이 배어 있다. 줄기가 곧게 뻗어가다가도 구부러지고 가지가 넓게 퍼져서 멋스럽고 그 줄기는 아주 단단하고 매끄러워 속된 기운이 없다.

　잎이 다 떨어진 겨울날의 배롱나무는 사람의 손이 살짝만 닿아도 가지 끝이 흔들리는 모양이 마치 간지럼을 타는 듯하다 하여 간지럼나무, 부끄럼나무라고도 한다. 전라도에서는 간지럼밥나무라고도 했다. 한자어로는 파양수(怕揚樹), 흔들거림 간지럼을 두려워하는 나무라는 뜻이다. 같은 뜻으로 양양화(癢癢花)라고도 한다.

　필자가 다녔던 중학교의 교정에도 오래된 배롱나무가 자태를 뽐

내고 있었다. 그 나무를 둘러싸고 친구들과 '간지름밥을 먹이며' 놀았던 추억이 있다. 배롱나무의 다른 이름으로는 그 빛깔과 고운 자태를 주목해서 붙인 만당홍(滿堂紅), 자수화(紫繡花) 등이 있으며, 꽃의 색을 더 세밀히 구분해서 자주 꽃은 자미(紫薇), 흰 꽃은 백미(白薇), 붉은 꽃은 홍미(紅薇), 푸른빛을 띤 꽃은 취미(翠薇)라고도 한다.[1]

당나라 현종(玄宗)은 개원(開元) 원년(713년)에 황제를 상징하는 별인 자미원(紫微垣)의 이름을 가져다가 중서성(中書省)을 자미성(紫微省)이라 개칭하고, 중서사인(中書舍人)을 자미사인(紫薇舍人)이라고 불렀다. 그 자미성 안에 자미화를 많이 심었다고 한다. 다음은 중당(中唐) 백거이(白居易)의 「자미화」다.

사륜각에 문서 일 조용하고	絲綸閣下文書靜
종고루의 물시계 소리 오래되었네	鐘鼓樓中刻漏長
황혼에 홀로 앉았는데 누가 벗해 줄 건가	獨坐黃昏誰是伴
자미화가 자미랑을 대하였네	紫薇花對紫微郎

사륜각은 국가의 문서를 담당하는 관청으로 곧 자미성이다. 자미랑은 중서사인의 별칭이다. 하루 일을 끝낸 자미성의 문사들이

---

[1] 기태완, 「화정만필-명옥헌 배롱나무, 그 붉은 꽃노을 아래서」, 『열린시학』 8, 2003. 8. 참조.

한여름 황혼의 정경을 자미화에 부친 시로 많이 남겼고, 자미화는 어느덧 문사의 상징이 된 것이다. 호남 선비들 또한 배롱나무를 사랑하였느니 정철과 고경명의 다음 시에도 잘 나타난다.

꽃이 백일이나 핀 것은	花能住白日
물가에 심었기 때문이네	所以水邊栽
봄이 지나도 이와 같으니	春後有如此
봄의 신이 아마 시기하리라	東君無乃猜

– 정철, 「자미탄」

타고난 자태가 원래 부귀한데	天姿元富貴
어찌 해 주변에 심어 주기를 기다리랴	寧待日邊栽
좁은 기슭에 붉은 놀빛 가득하니	夾岸紅霞漲
어부의 놀란 눈길이 꺼려하네	漁郎恐眼猜

– 고경명, 「자미탄」

무등산의 원효계곡 등에서 모여든 물줄기가 지금 광주댐으로 모여들기 전에 환벽당과 식영정 사이로 여울을 이루고 흘러내린 천을 자미탄(紫薇灘)이라 불렀다. 배롱나무가 여울가에 많이 심어져 있었으니 그 이름으로 불리게 된 것이리라. 이런 유래를 잘 아는 지역주민들이 해마다 배롱나무를 가로수로 심고 가꾸어서 담양군의 도로 곳곳에서는 한여름 내내 백일홍의 붉은 자태를 마주할 수 있게 됐다. 담양군과 맞대고 있는 광주 북구에서도 한때 백일홍이 한창인 때를 맞춰 자미축제를 열기도 했다.

구한말 문인이자 역사가로 한일병탄 직후 자결한 매천(梅泉) 황현(黃玹, 1856~1910)은 『매천야록』으로 유명한데, 꽃과 나무에 대한 시문도 많이 남겼다. 그도 배롱나무를 애호하였던지 「백일홍기(百日紅記)」가 전한다.

백일홍은 꽃 가운데 미천한 자이다. 그래서 옛사람의 제영(題詠)이 많이 없고, 『군방보(群芳譜)』에 이르러 비로소 기록되었다. 그러나 끝내 여러 명화(名花)와 다툴 수 없었다. 어떤 사람은 말한다. "꽃은 격(格)이 높고 운(韻)이 승해야 하는데, 백일홍은 격을 이루지 못하고 운도 이루지 못하니 그것이 여러 명화와 겨룰 수 없는 것은 당연하다." 대저 격이나 운이란 것은 매화나 국화 같은 종류를 말하는 것이 아니겠는가? 바람과 서리가 휘몰아칠 때 국화는 비로소 꽃이 피고, 눈과 얼음이 서로 얼어붙어 있을 때 매화는 비로소 꽃이 핀다. 이 같은 것은 참으로 기특하다. 그러나 그것은 홀로 그렇기 때문이다. 만약 복사꽃, 오얏꽃, 목단, 작약 등이 분연히 모두 세한에 꽃이 핀다면 어찌 매화와 국화만이 기특할 것인가?

대저 백일홍은 여름의 장마와 폭염 속에서 꽃이 핀다. 추위와 더위는 꽃 시절이 아닌 점에서 동일하다. 백일홍과 매화, 국화는 그 적절한 시기가 아닌데도 꽃이 핀다는 점에서 균등하다. 그 약간의 차이란 추위와 더위일 뿐이다. 그런데 추위 속에서 꽃이 피면 격이 높고 운이 승하고, 더위 속에서 꽃이 피면 운을 이루지 못하고 격도 이루지 못한다고 하니, 참으로 천하에 정론(正論)이 없다. 사람과 사물을 막론하고 그 처한 장소가 지극히 청려(淸厲)하고 엄냉(嚴冷)한 곳인 연후에야 세상에서 귀함을 받는 것이던가! 그렇다면 백일홍을 살펴보면 매화, 국화와 같은 시기를 얻지 못한 것이 한스럽다.

나의 당(堂) 앞에 백일홍 한 그루가 여러 나무 가운데서 굽어지고 구부정한데, 예쁘고 붉은 꽃술이 마침내 절로 드러났다. 그래서 처음에는 은군자(隱君子)라고 불렀다. 하루에 한 꽃을 피우며 여름에서 가을까지 아리땁게 시들지 않는다. 그래서 다시 내구붕(耐久朋)이라고 불렀다. 대개 그 다른 이름은 정동(赬桐)이고, 또 다른 이름은 자미화(紫微花)라고 한다.

— 매천 황현, 「백일홍기」

배롱나무 꽃이 한여름 땡볕에 폭염과 폭우를 뚫고 피어난다는 사실은 더욱 큰 매력을 느끼게 한다. 배롱나무 꽃의 그 붉은 홍옥(紅玉), 마구 쏟아질 듯한 꽃사태는 팔월의 폭염과 땡볕을 살짝 비껴 해가 서쪽으로 내려갈 무렵이 절정이다. 명옥헌은 서쪽 벌판을 향해 좌정하고 있어서 저 멀리 불태산, 병풍산, 삼인산 너머로 해가 내려서 저녁놀을 그릴 때 별세계, 곧 선경을 느끼게 된다.

명옥헌 유래의 네 가지 화소

배롱나무는 한 번 피면 쉽게 저물지 않고, 매서운 추위 못지않게 한여름 무더위를 견디며 꽃을 피워 내니 선비들에게는 지조의 꽃이었다. 그뿐인가. 부모님을 공경하는 사람들에게는 효성스런 마음을 싱징하여 무덤 앞에 주로 심었다.

명옥헌의 비조인 오희도의 묘갈명에도 이런 효성에 관한 이야기가 전한다. 나이가 비슷하고 동향에 살아서 매양 한가한 날이면 글과 술로써 모였다는 송강 정철의 아들 정홍명(1582~1650)이 남긴 그의 묘갈명은 정조연간에 편찬된 『국조인물고』에도 실려 전한다.

임인년에 아버지 상을 당하여 슬퍼한 나머지 몹시 야위었는데, 보는 이들이 모두들 감동하였다. 묘 곁에 여막을 지어놓고 지내면서 매양 조석으로 묘역을 살펴 청소하고 상식(上食)하였으며, 몸소 밥을 지어먹으며 3년상을 마쳤다. 모부인을 섬김에 혼정신성의 일에 정성과 공경함을 다하였고, 형제들과 함께 살며 독서로 서로 권면하면서 자질을 가르쳐 가정이 화목하였으므로 미천한 동복 역시 모두 감화되었다. 집안일을 계획함에 모두 정돈하였고, 혼인은 때에 맞게 행하였다. 하루는 우연히 이웃의 젊은이와 더불어 박혁(博奕, 장기나 바둑 따위)을 하며 놀았는데, 모부인이 불러 들여 매우 질책하였으므로 종신토록 박혁을 손에 가까이 하지 않았다.

후산마을 명옥헌의 역사는 아버지를 일찍 여읜 오희도가 어머니를 따라 이곳 외가로 이주해 와 살면서부터 시작된다. 그는 망재(忘齋)라는 조그마한 서재를 짓고 광해군 치세의 세상을 멀리하여 세속의 사물을 버리는 뜻을 담았다. 능양군 시절의 인조가 찾았던 집은 명옥헌이 아니라 망재인 셈이다. 이때 동행한 인물이 정승

원두표(1593~1664)라고도 하고, 월봉(月峯) 고부천(1578~1636)이 이 만남을 주선했다고도 한다. 구전으로는 고경명이 천거했다고도 한다.

이야기인즉, 인조가 쿠데타를 일으키려고 사람을 모을 때 의병장이었던 고경명을 담양 창평으로 찾아왔더니, 고경명이 뜻은 같이하나 왕년에 광해군의 녹을 먹은 일이 있어 동참할 수 없고 다만 후산마을의 숨은 인재 오희도를 찾아가라고 천거했다는 것이다. 그리하여 인조는 이곳 후산마을에 와서 은행나무에 말고삐를 매놓고 오희도를 만났으며, 쿠데타는 성공하여 반란이 아니라 반정이 되고 오희도는 한림학사가 됐더란다. 이후 오희도는 높은 벼슬을 마다하고 다시 후산마을로 내려왔다. 그리고 그의 아들 오명중이 아예 세상을 버리고 여기에 칩거할 뜻으로 조영한 원림이 바로 명옥헌이란다.

고경명과의 인연은 유홍준이 『나의 문화유산답사기』[2]에서 언급하여 최근에 다른 책이나 블로그에서도 회자되고 있다. 인물의 생몰연대가 맞지 않아 어딘가 허술하게 다가오지만 이 이야기에 후대 사람들의 마음이 담겨 있다고 생각하여 소개한다는 첨언을 달았다. 이야기의 최소 단위인 화소(話素)를 분석해 보면 다음 네 개의 단위로 분석할 수 있다.

[2] 유홍준, 『나의 문화유산답사기』 1권, 서울: 창작과비평사, 1993.

(전사 – 오희도는 혼탁한 현실과 거리를 두고 후산마을에 망재를 지어 은일한다)

① 오희도는 혼탁한 현실과 거리를 두고 후산마을에 망재를 지어 은일하고, 인조는 반정을 꾀하여 천하를 주유하며 인재를 모은다.
② 고경명이 광해군의 녹을 먹은 자기 대신 오희도를 천거해서 인조가 후산마을을 찾는다.
③ 반정이 성공하여 오희도는 한림학사가 되지만 높은 벼슬을 버리고 후산마을로 다시 내려온다.
④ 오희도의 뜻을 기려 아들 오명중이 명옥헌을 세운다.

①화소의 앞 이야기는 위의 짧은 설화에서는 언급되지 않지만 명옥헌 유래의 출발이 되므로 넓은 범위에서 이야기 단위에 포함시켜서 살펴야 한다. 오희도는 나주의 대명곡(大明谷)에서 태어났는데 부친을 따라 창평으로 옮겨왔다가, 부친이 돌아가시자 이곳에서 3년의 시묘살이를 했다. 그의 시묘살이를 보고 사람들이 그를 명곡효자(明谷孝子)라고 칭찬하였으며, 이로부터 그를 명곡이라 칭하였다고 한다.

명곡은 과거를 위한 학문에는 큰 뜻이 없었고 현실정치와도 거리를 두고자 무등산이 바라보이는 후산 기슭에 '시속을 잊고 사는 집, 망재(忘齋)'를 짓고 자질들을 가르치며 은일했다. 다음은 그의 이러한 마음이 그대로 표현된 「망재야영(忘齋夜詠)」이라는 작품이다.

요순은 누구인가	堯舜何人也
주공과 공자는 나의 스승인데	周孔我師焉
천년 동안 한결같은 저 물과 달	千載寒水月
태극의 하늘 같은 한결같은 이 마음	一心太極天

  이어지는 ②, ④의 화소는 인조대왕이 말고삐를 매놓은 은행나무와 후산마을의 정자 명옥헌이 1차적인 직접 증거물이 된다. 500여 년을 건너오면서도 강력하게 이야기를 전승하는 매체가 곧 이 증거물이다. 명옥헌의 '삼고(三顧)'라는 현판은 비록 직접적인 증거물은 아니지만 ②의 화소를 더욱 풍부하게 확장시키는 역할을 한다. 중국 후한(後漢) 말엽에 유비가 남양 땅에 은거한 제갈량을 세 번 방문한 끝에 군사(軍師)로 모실 수 있었다는 고사, 삼고초려를 빗대어 인조와의 관계를 강조한 대목이다. 「명옥헌기」, 「명옥헌중수기」와 같은 기문의 구절도 설화의 2차적 증거물이 되고 있다.

  ②의 화소에 등장하는 제봉 고경명(1533~1592)은 임진왜란 때 6,000여 명의 의병을 모아 진용을 편성하고 금산에서 왜적과 싸우다 순절한 의병장으로 위에 언급된 월봉 고부천의 조부다. 왕년에 광해군의 녹을 먹은 일이 있으니 동참할 수 없어 숨은 인재를 추천했다는 맥락을 봐도 광해군 7년(1615년)에 급제하여 교서관정자(校書館正字)·지제교(知製敎)·사헌부장령 등을 지낸 그의 손자 고부천의 주요 활동 연대와 앞뒤 이야기로 보아 잘 어울린다.

  설화 속에서 고경명의 등장은 고부천이 인조의 잠저 시절에 이

이첨의 폐모론에 맞서 부당함을 간하는 상소를 올리고 고향 창평으로 물러나 있었던 때였고, 이괄의 난이 일어났을 때 의병을 모집하여 전라도 태인까지 나아간 사건이 있었으니, 후대 사람들이 고경명과 고부천을 헷갈려 하거나, 임진왜란 의병장이라는 보다 강렬한 역사적 인물로 대체한 기억의 착종 결과로 짐작해 볼 수 있다. 그런데 재미있는 것은 패륜적 살제폐모(殺弟廢母)를 행하고 대명의리를 저버린 혼군을 몰아내고 반정을 일으켰다는 대의명분에 광해군에게 녹을 먹은 일이 있어 동참할 수 없다는 불사이군의 의리가 교묘히 삽입되어 엇갈리고 있는 지점이다. 인조대왕과의 인연을 강조하여 마을과 가문의 입지전적인 인물을 기리는 추모와 한편으로는 권력 찬탈이라는 껄끄러운 역사적 평가를 의식한 엇갈리는 마음이 이 짧은 설화 속에 녹아 있는 것처럼 보인다.

③반정이 성공하여 오희도는 한림학사가 되지만 높은 벼슬을 버리고 후산마을로 다시 내려온다. ③의 화소도 실제와는 사뭇 다르다. 오희도는 벼슬길에 오른 지 채 1년도 못 되어 천연두에 걸려 41세로 세상을 등지고 만다. 조정에서 바야흐로 진용(進用)되기를 기대하였으나 불행히도 두창에 걸려 객사에서 세상을 떠났다고 기록되고 있다. 얼마나 창졸간의 죽음이었는지 그와 동향의 벗이었던 기암 정홍명은「오희도묘갈명」에서 조정에서 그에 대한 기대와 황망했던 그의 장례 모습을 이렇게 적고 있다.

계해년(1623년) 초에 알성 문과에 급제하여 마침내 한원(翰苑, 예문관)

에 들어갔다. 일찍이 기주(記注)를 대행하여 답전에 입시하였는데, 일을 기록함에 있어 문장의 어휘가 넉넉하고 기록이 민첩하였다. 그만두고 난 뒤에 승정원의 여러 공들이 하리들에게 명하여 초기(草記)를 취하여 올리라 하고, 서로 돌아보며 칭찬들을 하였다. 얼마 후에 검열에 임명되어, 조정에서 바야흐로 진용(進用)되기를 기대하였으나 불행히도 두창에 걸려 객사에서 세상을 떠났다. 부음이 들리자 임금에서부터 그를 위하여 슬퍼하고 별도로 은혜로운 부의를 내렸고, 명하여 연도에서 상여를 호송하여 돌아가게 하였으며, 동조의 인사들이 모두 조문하고 애석해 하였다. 당시 향년 41세였다.

— 『국조인물고』 권28 명류

그럼에도 설화는 높은 벼슬을 버리고 후산마을로 내려왔다고 하여 스스로 세상을 등지고 은거했음을 강조하고 있다. 밝은 세상에 나아가 가문의 기대와 자신의 포부를 펼쳐보고자 했던 꿈이 너무도 허망하게 끝나버린 사실을 설화는 과감히 세상을 버리고 귀향하는 것으로 그려내고 있다. 마치 팽택현의 지사를 사직하고 고향으로 돌아가는 심경을 노래한 「귀거래사(歸去來辭)」의 도연명(陶淵明, 365~427)처럼 말이다.

돌아가리라	歸去來兮
전원이 황폐해지니 어찌 돌아가지 않을 수 있겠는가	田園將蕪胡不歸
지금껏 내 스스로 마음을 육체에 사역하도록 하였으니	旣自以心爲形役

어찌 슬픔에 젖어 홀로 서러워만 할 수 있겠는가	奚惆悵而獨悲
이미 지난 일을 탓한들 무슨 소용 있으랴	悟已往之不諫
앞으로는 바른 길을 추구하는 게 옳다는 걸 알았도다	知來者之可追
실로 인생길 잘못 들어 헤매었지만 멀리 온 것은 아니니	實迷途其未遠

공교롭게도 도연명이 벼슬을 버리고 귀향한 때가 그의 나이 41세였으니 명곡의 귀향도 이에 못지않은 귀거래로 기리고 싶은 마음이 작동했으리라.

④의 화소에서 부친의 뜻을 이어 넷째 아들 장계공 오명중(1619~1655)이 아버지의 옛터에 은거할 것을 결심하고 마침내 명옥헌을 지었다.

명옥헌을 사랑한 사람들

1989년 가을, 명옥헌을 처음 찾았던 유홍준은 자신의 책에 시인 황지우와 명옥헌의 인연을 새겨 넣었다. 황지우는 80년대가 저물어 가던 무렵 명옥헌 연못가의 농가 헛간을 개조해 집필실로 삼았는데, 이곳에서 수년간 거주하면서 주옥같은 시를 썼다. 몇 편의 시만 들춰보아도 우리는 명옥헌 원림 연못가 그 적막함 속에서 그가 건너온 시대와 고뇌가 어떤 것이었는가를 어렵지 않게 짐작할 수 있다.

먼저 유홍준이 소개한 황지우의 시 「화엄광주」를 보자.[3]

---

[3] 유홍준, 앞의 책, 303~306쪽 참조.

저 도청 앞 분수대에

유리 줄기 나무 높이 올라오르리라

그 투명 가지가지마다

지금까지 참았던 눈물 힘껏 빨아올려

유리나무 상공에 물방울 뿌린 듯

수많은 마니(魔尼) 보배 꽃, 빛 되리라

그때에 온 사찰과 교회와 성당과 무당에서

다 함께 종 울리고

집집마다 들고 나온 연등에서도 빛의

긴 범종소리 따라 울리리라

상점도 은행도 창고도 모두 열어두고

기쁜 마음 널리 내는 강 같은 사람들

발광체처럼 절로 빛나는 얼굴들 하고

젊은이는 무등 태우고 늙은이는 서로 업고

어린이는 꽃 갓근 빛난 신 신겨 앞세우고

금남로로, 금남로로, 도청으로, 도청으로

십방(十方)으로 큰 우레 소리 두루 내는 강처럼

흘러들고 흘러나오고

그때에 수미산(須彌山)에서 날아와 굳어 있던

무등산이 비로소 두 날개 쫘악 펴고

우화승천(藕花昇天)하니, 정수리에 박혀 있던

레이다 기지 산산조각나는구나

땅에서는 환호성, 하늘에서는
비밀한 불꽃 빛 천둥 음악
마침내 망월로 가는 길목 산수에는
기쁜 눈으로 세상 보는 보리수 꽃들
푸르른 억만 송이, 작은 귓속말 속삭이고
오시는 때 맞춰 황금 깃털 수탉이 숲 위로
구름 동기(憧奇) 일으키며 힘차게 우는 계림(鷄林)…
그날 밤, 연꽃 달 환히 띠우고
여어러 세상 흘러온 굽이굽이 천강(千江)이
산기슭에 닿아 있는 월산(月山), 처음으로
물 속 연꽃 다 보았던 개 한 마리
늑대 울음 울며 산으로 돌아가고

"물 속 연꽃 다 보았던 개 한 마리/늑대 울음 울며 산으로 돌아가고"의 구절에서 연꽃이 든 물, 그 못의 이미지는 다음 시와 겹쳐서 이 시기 황지우의 일상을 아는 이들에게는 자연스럽게 명옥헌을 떠올리게 한다. 저 80년대를 건너오면서 명옥헌은 황지우라는 당대의 시인을 만나 전통과 고전의 역사에서 기꺼이 현대사로 타임슬립하는 뜨거운 문화명소가 된 셈이다. 황지우 다른 시, 「물 빠진 연못」은 어떠한가.

다섯 그루의 노송과 스물여덟 그루의 자미나무가

나의 화엄 연못, 지상에 붙들고 있네
이제는 아름다운 것, 보는 것에도 지겹지만
화산꽃처럼 떨어지는 자미꽃들, 내 발등에 남기고
공중에 뜬 나의 화엄 연못, 이륙하려 하네
가장자리를 밝혀 중심을 비추던
그 따갑게 환한 그곳; 세상으로부터 잊혀진
중심수(中心樹), 폭발을 마치고
난분분한 붉은 재들 흩뿌리는데
나는 이 우주의 잔치가 어지러워서
연못가에 진로(眞露) 들고 쓰러져 버렸네

하, 이럴 때 그것이 찾아왔다면
하하하 웃으면서 죽어줄 수 있었을 텐데
깨어나 보니 진물이 난 눈에
다섯 그루의 노송과 스물여덟 그루의 자미나무가
나의 연못을 떠나버렸네

한때는 하늘을 종횡무진 갈고 다니며
구름 뜯어먹던 물고기들의
사라진 수면
물 빠진 연못, 내 비참한 바닥,
금이 쩍쩍 난 진흙 우에

소주병 놓어 있네

황지우는 이 무렵의 시편들을 『어느 날 나는 흐린 주점(酒店)에 앉아 있을 거다』라는 시집으로 묶어냈다. 「뼈 아쁜 후회」 등 명편이 실린 이 시집 속에서 단연 「물 빠진 연못」은 그 시절을 견디며 살아온 많은 이들의 사랑을 받았다. "물 빠진 연못"의 진흙과 "내 비참한 바닥"이 주는 시대사적 아픔과 비애를 어찌지 못해 명옥헌 원림을 부러 찾은 이들이 적지 않았으니, 명옥헌 또한 거기까지 밀려온 많은 '황지우들'의 술주정과 욕지기들을 보듬어 주었을 터이다.

또 하나, 여기 그 시절과 명옥헌을 다룬 당대의 소설이 있으니 바로 심상대의 「명옥헌」[4]이다.

그는 귀를 기울여 소리를 듣고 있었다. 그 어떤 소리도 들리지 않는 절대 적막의 오랜 시간이 흐른 다음 그의 귀는 만귀잠잠한 어둠 속에서 들려오는 가느다란 소리를 느낄 수 있었다. 소리는 아주 가늘게, 그러나 또렷이 들려왔다.

잘랑잘랑잘랑 ----

그 소리는 물소리였다. 물이 흘러가는 맑디맑은 소리였다.

묵호는 숨마저 죽이고 가만히 누워 그 맑디맑은 소리를 아주 오랫동안

---

[4] 심상대, 「명옥헌」, 『창작과 비평』 22, 창비, 1994. 6.

들었다. 그리고 그제야 그는 그 소리가 옥구슬이 우는 소리임을 알았다. 명옥헌 언저리 산기슭에서 못으로 흘러드는 작은 도랑물소리였다. 깊은 밤에만 들을 수 있는 작고 고운 소리였다. 소리를 놓치지 않으려고 그는 잘랑잘랑잘랑거리는 옥의 울음에 전신을 열어놓고 그 소리가 자신의 몸으로 흘러들어 넘치기만을 기다렸다. (중략)

 못을 내려다보는 산자락에 명옥헌이 서 있었다. 지금으로부터 삼백오십여 년 전 명옥헌 주인은 세상을 등지고 칩거할 뜻으로 이 원림을 조영하였다 한다. 낮고 완만한 산 너머 가장자리로 흘러내리는 도랑물을 이끌어다 못을 만들고, 그 못을 내려다보는 곳에 정자와 서재를 겸한 건물을 세우고, 그 주위에 소나무와 백일홍나무를 심었다. 그가 칩거를 뜻했던 이유가 공적인 사정 때문이었는지 사적인 사정 때문이었는지 거기에 대한 명문은 전하지 않는다. 시원하고 양지바른 산언덕, 전망이 툭 터진 이곳에 정자를 세운 저간의 사정이나, 산수를 벗하면서 평생을 유유자적하였음에도 서른여섯의 나이로 세상을 뜬 걸 보면 어쩌면 그의 칩거는 그의 허약체질에 이유가 있었는지도 또한 알 수 없다. 하여간 그리하여 오늘 다섯 사람은 그 선인이 심은 백일홍나무 아래에 갈서서 바람으로 몸을 씻으며 깊은 밤 잘랑거리며 우는 옥구슬 소리를 이야기하고 있다. (중략)

 "때가 되면 연꽃이 핀단다" 하고 새들이 올챙이 떼가 노니는 곳을 내려다보며 말했다. "연꽃 필 때가 되면 자정도 지나서 가만가만 이 못가로 걸어 나오지. 못가에 가만히 앉아서 연꽃잎 버는 소리를 듣는 거야. 연꽃은 대낮에는 꽃잎을 열지 않아. 어두운 밤 아무도 없는 시간, 고용함 속에서, 숨죽이고 귀 기울이는 시인 앞에서만 가만히, 아주 가만히 꽃잎을 여

는 거야." (중략)

"배롱나무에 꽃이 열거든 여기에 멍석을 깔고 술을 마시자." 새들이 명옥헌 곁으로 다가가며 말했다. "꽃그늘에 앉아서 꽃멀미를 느껴보자꾸나. 다 취해서 활짝 열어보자꾸나." (중략)

소설 「명옥헌」에는 '새들'(시인 황지우), '매장'(시인 임동확), '슬픔'(시인 허수경), '희극'(소설가 주인석), '묵호'(소설가 심상대), 다섯 인물이 등장한다. 소설은 '묵호'를 비롯한 네 명의 후배들이 광주와 서울 등지에서 길도 찾기 어려운 담양 고서의 후산마을 명옥헌 '새들'의 작업실에 한밤중 찾아들어 시대를 토론하고 격정과 우울을 쏟아내는 1박 2일의 시간을 담담히 그리고 있다.

그 소설 속이거나 밖이거나, 오늘이거나 내일이거나, 명옥헌은 배롱나무 그 붉은 꽃들과 네모난 연못과 노송과 명문이 새겨진 작은 바위와 언덕과 졸졸거리는 물줄기로 언제나처럼 거기 있을 것이다.

참고문헌

『국조인물고』 14, 사단법인 세종대왕기념사업회, 서울: 문양사, 2003.
기태완, 「화정만필-명옥헌 배롱나무, 그 붉은 꽃노을 아래서」, 『열린시학』 8, 2003. 8.
김성기, 「서은 전신민의 독수정과 호남의 충의」, 『고시가연구』 제9집, 한국고시가문학회, 2002.
김신중 외, 『담양의 누정』, 담양문화원, 2007.
박준규·최한선, 『환벽당 서하당 그리고 독수정』, 태학사, 2001.
심상대, 「명옥헌」, 『창작과 비평』 22, 창비, 1994.6.
심재완, 『교본 역대시조전서』, 세종문화사, 1972.
유홍준, 『나의 문화유산답사기』 1권, 서울: 창작과비평사, 1993.
이해섭 편저, 『조선조 시·가사 선집(담양·창평관련시문)』, 담양향토문화연구회, 1996.
이형권, 『문화유산을 찾아서』, 서울: 매일경제신문사, 1993.

여행 길잡이

한 세상을 만나면 봉황처럼
날겠다는 명옥헌

　명옥헌은 마을 깊숙이 자리하고 있다. 담양 고서면의 후산 마을이다. 전국에서 단감을 재배하기에 가장 적격인 곳 중의 하나로 알려져 있다. 워낙 마을 안에 안겨 있으니 이곳을 찾는 이들은 마을 고샅을 관통해야 하는 수고를 감수해야 한다. 주민들의 일상에 지장을 줄 수밖에 없다. 오죽했으면 마을로 들어가는 입구에 차단기를 설치했을까. 한편으로는 명옥헌이 얼마나 유명하길래 주민들이 저토록 손님들에게 치여서 차를 차단했을까 하는 마음도 든다.
　하여튼 마을 초입의 주차장에 차를 두고 차단기를 지나면 오른편으로 낡은 연못이 나타난다. 왕버들나무가 제방을 더 튼튼히 지켜주고, 심지어 외부로 마을의 속살이 보이는 것을 차단해 주는 역할까지 병행하며, 한여름에도 서늘한 그림자를 드리운다. 마을 앞에 방죽이라고 불리는 연못은 보통 사람들의 경주 안압지와 같은 공간이다. 마을에서 버려지는 사사로운 생활 쓰레기나 가재도

구들이 여기로 밀려와 뻘 깊숙한 곳에 저장되어 있다. 그러다 수백 년 수천 년이 지나 그곳을 열어보면 예전의 생활상이 드러나게 된다. 일종의 타임캡슐인 셈이다.

예전에는 각 마을마다 이런 방죽이 있었다. 하지만 새마을사업으로 경지정리를 하면서 메워지고 어느 곳은 사유지가 되었으며, 마을 회관이 들어서기도 했다. 마을을 형성할 때부터 만들어지고 온전하게 보전된 이 연못 자체가 또 하나의 문화재가 아닌가 하는 생각을 하며 안으로 들어서면 두 개의 표지판이 나온다.

왼쪽으로 가는 길은 '인조대왕 계마행수'라는 곳을 가리키고 있다. 200여 미터를 걸어가면 만나게 되는 크기가 30미터나 되는 커다란 은행나무를 뜻한다. 광해군 시대 능양군이 반정을 일으키고자 전국의 지사를 만나며 힘을 규합할 때, 여기 은행나무와 오동나무 아래에 망재를 짓고 스스로 정진하며 후진을 양성하는 명곡 오희도를 만나러 왔다. 그는 말을 타고 왔다가 말고삐를 은행나무에 걸어두고 함께해 줄 것을 간곡히 청했다. 하지만 오희도는 나아가지 않았다. 두 번을 찾아왔지만 노모를 공양해야 한다는 인륜의 도리를 내세워 나아가지 않은 대신 뜻은 함께하는 것으로 했다. 그리고 나주 사람 박효립을 천거했다고 한다.

인조의 반정은 성공했다. 이후 그 일을 기억하기 위해 인조대왕이 말을 걸어놓은 은행나무라 하여 '인조대왕계마행'이라 부르게 되었다. 6백여 살이 된 이 나무를 찾아가 보는 것이 명옥헌의 화려한 배롱나무를 보기 전에 할 일이다.

이렇게 빼어난 선비가 향리에서 두문불출하고 있으니 왕이 되고자 했던 능양군은 창평의 월봉 고부천이 오희도를 천거하자마자 득달같이 달려왔을 것이다. 두 번씩이나 찾았기에 제갈량을 찾은 유비의 삼고초려에 빗대어 명옥헌 정자의 측면에 '삼고'라는 글씨의 현판이 자리하고 있다. 난세에는 벌레처럼 움츠리고 뜻을 만나면 대붕처럼 날겠다고 명곡 오희도를 평한 송강의 넷째 아들 기암 정홍명의 글도 이를 뒷받침한다.

하여튼 그렇게 커다란 은행나무를 보고 다시 돌아와 오른쪽으로 명옥헌이라고 표시된 이정표를 따라가면 야트막한 언덕이 나온다. 일종의 전이공간이라고 할 수 있는데 그 언덕 너머에 대체 무엇이 있을까하는 궁금증이 자아올 무렵, 배롱나무가 태양처럼 작열하여 타원형을 그리고 있는 정원이 나타난다.

명옥헌원림은 한여름부터 가을까지 그렇게 붉은 배롱나무꽃으로 타오르고 있는 형세다. 오른편으로는 소나무가 배롱나무 사이에서 푸르게 빛을 발하고, 안쪽으로는 매화나무 몇 그루와 동백나무가 있고, 정자의 곁에는 커다란 느티나무가 그늘을 짙게 만든다. 좋은 경관이란 밖에서 보자면 그 내부가 보이지 않고, 내부에서는 밖이 환하게 보이는 곳이라고 하는데 명옥헌의 입지가 딱 그러하다.

애초 명옥헌이라는 정자의 이름은 없었다. 오희도의 아들 오이정은 인조반정 성공 후 뜻을 펴기 위해 세상에 나아간 아버지가 뜻밖의 병으로 돌아가시자 그 안타까움을 뒤로하고 아버지가 아끼던 공간에서 그 또한 학문에 몰입한다. 그의 아들 오기석 또한 우암 송시열의 아끼는 제자가 되어 학문을 연찬한다. 우암은 그런 제자를 위해 이곳에 명옥헌이라는 이름을 주고, 바위에 '명옥헌 계축'이란 글을 새겼다고 한다. 이후 오기석의 아들 오대경이 연못을 파고 조영을 했다고 하니 4대에 걸친 자연과 인공의 합일 공간이라고 할 수 있다.

지금 있는 배롱나무는 수령 200여 년에 이르지 못한다. 자연스럽게 연못의 주변에서 자라던 것들이 번식을 했거나, 후손이나 마을 사람들이 조금씩 더 늘려 갔을 터이다. 스스로 자라면서 껍질을 벗어내고 매끄럽고 정결하게 자라는 나무, 100일 동안을 지치지 않고 꽃을 피워 힘을 절제할 줄 아는 나무는 꼭 오희도의 삶을 닮았다.

명옥헌에서는 맑은 물소리와 함께한 세상을 만나면 봉황처럼 날기 위해 꽁꽁 숨어 살았던 선비의 생애를 깊게 생각해 볼 것이다. 꼭 배롱의 화려함에만 눈을 둘 일은 아니다.

여행팁

불편함이 없다면 마을 내부로 차를 가지고 가지 말아야 한다. 걸어서 가다 보면 조영한 이의 마음씀씀이와 더욱 깊이 닿을 수 있다. 수령 600살의 은행나무 앞에서는 그 뜻에 맞는 동무가 내게도 있는지 돌아보고 싶다. 원림으로 들면 백일홍 꽃도 꽃이지만 또록 또르륵 옥구슬처럼 떨어지는 물소리에 귀 기울이고, 정자 안팎의 풍광에 젖어들면 된다. 정자의 뒤편으로 작은 연못이 아름답다. 무등산이 환히 보이는 붉은 적송 사이를 거닐며 도장사라는 서원이 있었다는 도장사 유허비까지 다녀오는 것도 매력적이다. 조락의 계절 늦가을에는 느티나무 잎 지는 소리가 아름답고, 겨울이면 눈 쌓인 장엄한 선경을 만나게 된다.

독수정獨守亭·명옥헌鳴玉軒
현판

독수정 홀로 독獨, 지킬 수守, 정자 정亭

심석(心石) 송병순(宋秉珣, 1839~1912)의 필체이다. 독수(獨守)는 이 누정의 주인이었던 고려 말 충신 전신민의 충절을 나타낸 것이다. 이백(李白)의 시 「소년자(少年子)」 가운데 마지막 구절인 "백이, 숙제는 누구인가! 홀로 서산에서 절개를 지키며 굶주렸다네[夷齊是何人 獨守西山餓]"라는 구절에서 취한 것이다.

독수정 14경[1]

獨守亭十四景

섬계의 밝은 달 섬계명월　　　　　　　　剡溪[2]明月

아직 그치지 않은 눈 속에 초생달 밝고　　明月初生雪未收
물속에 산 그림자 반쯤 비치고 있네　　　　山陰半倒一汀洲
오늘 밤엔 친구들과 한없이 흥에 겨워　　　故人無限今宵興
시내 위에서 작은 배를 타고 논다네　　　　解向溪頭上小舟

모지봉[3]의 푸르른 기운 모봉청람　　　　帽峯晴嵐

어젯밤 성 남쪽에 가는 비 지나더니　　　昨夜城南疎雨過
초가을 그 경치는 또 어떠할까　　　　　　新秋秋色復如何
푸르른 봉우리는 검은 모자[4] 같은데　　 靑峰眞的烏紗帽
맑은 바람이 계속하여 불어오는구나　　　簇簇淸風滴滴多

금산[5]의 단풍 금산단풍　　　　　　　金山丹楓

시내 서쪽 물가는 또다시 가을바람 일어　一溪西畔又秋風
서리 맞은 단풍이 갈수록 더 붉어가네　　別有霜楓晚更紅
농염한 그 자태 만발한 꽃보다 더 좋아　　濃艶勝於花爛漫
금산이 비단 산 가운데 있구나[6]　　　　　金山便是錦山中

서봉사[7]의 저녁 종소리 서봉막종　　 瑞峯暝鍾

구름 속 능선 하나 여러 봉우리 아름다운데　雲間一嶺罨諸峯
법계의 진귀한 꽃[8]들은 땅 가득 짙어가네　 法界曇花滿地濃
생각해 보니 선정에서 나온 저 스님이[9]　　 料得胡僧還出定
저물녘 종소리 울려서 그런 건가 봐　　　　只從薄暮落寒鍾

재계[10]의 나무꾼 노래 재계초가

재계동 어귀에 햇살 점점 기울어지니
한 곡조 나무꾼 노래가 길게 퍼지네
중도한이라는 이름을 얻었다고 하는데[11]
고깃배 매어진 언덕에 낙화도 향기롭네

宰溪樵歌

宰溪洞口漸斜陽
只有樵歌一曲長
已把姓名曾道漢
漁舟兩岸落花香

가정[12]에 부는 시원한 바람 가정청풍

흐릿한 저 들 언덕과 그 곁 물가에
대나무 소나무는 멀리서 보면 더 푸르네
무더운 날씨에도 부채 필요 없는 건
작은 뜰에 종일 맑은 바람 불어서라네

稼亭淸風

偎他野岸傍他汀
竹色松陰遠更靑
炎天不用蒲葵扇
終日淸風半畝庭

삼산[13]의 아름다운 노을 삼산채하

저 아득하고 어슴프레한 삼산은
오색빛 노을로 비단처럼 영롱하네
대추처럼 붉고 푸른색 복숭아 같으니[14]
자라 등에 얹힌 신선의 땅일 거야[15]

三山彩霞

三山杳杳復茫茫
霞綺玲瓏五綵光
火棗初紅桃又碧
六鰲背上一仙鄕

선동[16]의 흰 구름 선동백운　　　　　仙洞白雲

세속과 다른 한가한 정취 있는 곳　　　別是閒情不世情
하늘이 연 옥동에 흰 구름 피어나네　　天開玉洞白雲生
신선의 집에선 닭과 개 소리만 들리고　數聲鷄犬仙家裡
아침이나 저녁이나 한결같이 맑다네　　暮暮朝朝一樣晴

조담[17]의 고기잡이 불빛 조담어화　　　槽潭漁火

기나긴 가을밤 내리던 비 개었는데　　　秋夜漫漫秋雨晴
조담 가에는 사람들 발길 뜸하네　　　　一槽潭上少人行
어선 등불이 단풍 비추는 것도 모르고　不知漁火江楓暎
찬 별 떨어져 밝은 것인지 의심하였네　疑是寒星落更明

소정[18]에 들리는 농부들 노랫소리 소정농가　蘇亭農歌

고깔 삐뚤어질 정도로 농악[19] 울리는데　社鼓鼕鼕野笠斜
한 차례 성긴 비에 화초도 어여쁘구나　　一番疏雨草交花
농사일 그린 그림[20] 세상에 전한다더니　邠風圖畫相傳世
소정 농부의 노래가 풍년가[21]였구나　　知是蘇亭擊壤歌

산성[22]의 저녁 비 산성모우

비를 모는 동풍이 멀리서 느껴지는데
산성 둘러싼 꽃은 아직 날리지 않네
뿔피리[23] 소리 속에 해는 저물어가니
행인은 봄 옷 젖을까 걱정을 하네

山城暮雨

東風吹雨遠微微
花繞山城摠不飛
畵角聲中天欲暮
行人愁殺濕春衣

층암[24]에서 떨어지는 폭포 층암폭포

지척의 산 가운데 저 향로봉은
푸른 절벽 폭포수가 바위 돌아 흐르네
이백의 절창 중 은하라는 시구는[25]
아마도 당시에 여기에서 지었나 보네

層巖瀑布

一點香爐咫尺山
蒼崖雪瀑傍巖還
靑蓮絶唱銀河句
記得當時賦此間

연대봉[26]에 맑은 눈 연봉청설

한 떨기 연꽃 같은 층층의 봉우리
새벽하늘 눈 내리다 해가 떠오르네
흰 학과 새도 제 빛 잃을 정도라
시 쓸 재주 없어 부끄럽기만 하네

蓮峯晴雪

蓮花一朶一峯層
曉雪連天日又昇
皓鶴奪鮮鵬失素
擬將詞賦愧難能

연교의 석양[27] 연교반조

제비가 이름을 전했다는 외나무 다리
꽃 사이로 석양이 푸른 물에 비치네
어부들의 노래 뒤 맑은 소리 이어지니
다투어 화롯가로 가서 술병 기울이네

鷰橋返照

鷰子傳名此一矼
花間返照入滄江
漁歌初歇商歌和
競向爐頭倒酒缸

---

1 이광수(李光洙)의 작으로 알려져 있다. 그의 호는 완산(完山)이고, 담양에 거주하였다.
2 섬계(剡溪) : 중국 회계군(절강성 승현) 조아강(曹娥江)에 있는 계곡으로 대규(戴逵)가 세상이 싫어 은거했던 곳. 여기서는 독수정 근처 시내의 이름으로 보인다. 진(晉)나라 때 산음(山陰)에 살던 왕휘지(王徽之)가 어느 날 밤에 큰 눈이 막 개고 달빛이 휘영청 밝은 것을 보고는 홀로 술을 마시면서 좌사(左思)의 「초은시(招隱詩)」를 읊조리다가 배를 타고 섬계(剡溪)에 사는 친구 대규(戴逵)를 찾아 갔다가, 찾아간 것만으로도 충분히 흥취를 다하였다며 친구를 만나지 않고 배를 돌려 돌아왔다는 고사가 있다.
3 모자봉(帽子峯) : 독수정 바로 뒤에 있는 산봉우리. 효자봉으로도 불린다.
4 검은 모자(烏紗帽) : 흔히 벼슬아치가 쓰던 모자이다. 여기서는 봉우리의 모양이 모자처럼 생겼는데 검푸른 빛을 띠고 있어 이를 비유적으로 표현한 것이다.
5 금산(金山) : 독수정 뒤에 위치한 산이다.
6 황금 … 셈이라네 : 금산의 풀들은 누렇게 황금색으로 변색되어가고 주변 단풍은 붉게 물들어 감을 표현한 말이다.
7 서봉사(瑞峯寺) : 담양군 남면 정곡리로 이어지는 무등산 자락에 있었던 절이다. 정유재란 때 소실되어 지금은 그 터와 잔재들만 남아 있다.
8 진귀한 꽃(曇花) : 담화(曇花)는 삼천년 만에 한 번 핀다는 아주 희귀한 꽃이다. 불교에서 붓다나 전륜성왕이 나타날 때만 핀다는 상서로운 꽃이다. 우담바라라고도 한다. 혹은 인도 원산의 뽕나무과에 속하는 무화과 나무를 가리키기도 한다.
9 선정에서 깨어난[出定] : 출정(出定)은 선정에 들어갔다가 그 경지에서 나오는 것이다. 서봉사는 석굴이 있어서, 스님이 늘 수행하였다고 한다. 호승(胡僧)은 외국에서 온 스님이라는 뜻이다.
10 재계(宰溪) : 재암골(한촌재). 독수정 아래에 있었던 물의 이름이다.
11 증도한(曾道漢)은 오백나한 중의 한 사람으로 도통한 사람을 가리키는 말이다.
12 가정(稼亭) : 논밭이 잘 보이는 곳, 그러면서도 숲이 있어 시원한 바람이 일며 물이 흐르는 곳에 지은 정자를 말한다.

13 삼산(三山) : 흔히 신선이 살고 있다는 삼신산(三神山)을 말한다. 여기서는 담양 수북 면의 삼인산을 가리킨다. 삼인산에 비친 노을은 아름답기로 유명하였다.
14 대추 … 푸르니 : 화조(火棗)는 금단(金丹)보다도 오히려 약효가 뛰어나서 복용하기만 하면 날개가 돋아 공중을 날 수 있다는 전설상의 선과(仙果) 이름으로 여기서는 붉은 대추를 의미한다. 벽도(碧桃)는 복숭아의 일종으로 전설 속의 서왕모(西王母)가 한 무제에게 주었다는 선도(仙桃)를 말한다.
15 자라 … 계지 : 바다의 삼신산을 자라가 떠받들고 있다고 한다. 여기서는 삼인산이 선향, 즉 신선의 마을이라는 뜻이다.
16 선동(仙洞) : 학과 신선이 산다는 학선동(鶴仙洞)이다. 개선사지 석등이 있는 마을이다.
17 조담(槽潭) : 말이나 소의 먹이를 담는 구유 모양의 못이다. 환벽당 아래의 물인데, 용소(龍沼), 영추(靈湫)라고도 하였다.
18 소정(蘇亭) : 현재 담양 남면 반석리에 위치한 토생원 가든 앞 냇가에 있었던 작은 정자를 말한다.
19 농악(社鼓) : 사고(社鼓)는 옛날 사일(社日)에 신에게 제사하는 곳에서 연주하는 고악(鼓樂)이니, 농악을 의미한다.
20 농사일 그린 그림 : 빈풍도(邠風圖)는 빈풍칠월도(豳風七月圖)를 말하는 것. 빈풍은 『시경(詩經)』편명으로 중국 빈나라(주나라의 옛이름) 사람들의 농가월령가(農家月令歌)이다. 7월의 시를 그렸기 때문에 빈풍칠월도라고 하는데, 여기서는 농사일을 말한다.
21 풍년가[擊壤歌] : 격양가는 옛 노래로 '땅을 치며 노래한다'라는 뜻인데, 요(堯)나라 때의 태평세월을 구가한 것이다. 여기서는 소정의 농가가 바로 이 격양가와 같은 풍년가라는 의미이다.
22 산성(山城) : 담양군 남면 정곡리 뒷산에 있었던 금산산성을 말한다. 이연년의 이야기가 전한다.
23 뿔피리[畵角] : 화각(畵角)은 악기의 이름. 모양은 죽통(竹筒)과 비슷하며 대나무 또는 가죽 등으로 만든다. 표면에 알록달록한 채색 그림이 있어서 화각이라 부르며 소리가 애절하면서도 우렁차 군중에서 사기를 고무하거나 진용을 정돈할 때, 혹은 제왕이나 관리가 순행할 때 쓰는 관악기이다.
24 층암(層巖) : 담양군 남면의 정곡리에 소재한 향로봉 부근의 여러 겹으로 험하게 쌓인 바위를 말한다.
25 이백(李白)의 … 싯구는 : 이백의 시 「여산 폭포를 바라보며(望廬山瀑布)」에 "태양 비친 향로봉 붉은 연기 피어날 제, 바라보니 폭포수 냇물 위에 걸렸었네. 물길 날려 삼천 척을 곧장 내리 쏟아지니, 아니 어찌 구천에서 은하수가 떨어지나."에서 출전한다. 폭포수의 아름다움을 형용한 말이다. 청련은 청련거사(靑蓮居士)의 약칭으로, 이백의 다른 호이다.
26 연대봉 : 담양군 남면 소재지 뒷산의 높은 봉우리이다. 까치봉으로도 불린다.
27 담양 남면 연천리는 제비형국이어서 그 이름이 붙게 되었다. 그 앞의 다리를 제비 연(燕)을 써서 연교(鷰橋)라고 하였다.

삼가 독수정 원운에 차운하다
敬次獨守亭原韻

늘그막에 선조 추모하니 느낌도 많아	白首追先感恨長
지나간 사연들 다시 아득하기만 하네	悠悠往事復蒼蒼
산자락 의지한 옛터는 천 년이나 오래고	依山遺址千年遠
강 가까운 누정은 오월에도 서늘하여라	近水爲亭五月凉
두견새 소리에 흐르는 눈물 끝도 없지만	杜宇聲中無限淚
도화원 속에는 남기신 기운 있다네	桃花園裡有餘光
분명 당시에 여기 은거하였던 절의는	分明當世登臨意
속세의 영화와 바꾸지 않았던 것이네[28]	不用人間換玉堂

후손 재혁[29] 後孫 在爀

일찍이 남으로 내려와 한도 깊었을 테고	早下南方感恨長
저 멀리 서울에는 지는 해도 아득했겠지	松京落日遠蒼蒼
가을 서리처럼 늠름했던 선생의 대의에	先生大義秋霜凜
고죽 같은 맑은 기상[30]에 여름이 서늘하네	孤竹淸風夏月凉
옛 누정에서 전원에 머리 돌려보니	回首田園因舊業
남은 빛 서린 초목에도 마음 상하네	傷心草木帶餘光
지금도 나쁜 기운이 동서로 뻗어나니	妖氣今肆東西域
몇 번이나 이 집에 올라 눈물 흘릴까	幾度登臨淚此堂

후손 홍혁[31] 後孫 泓爀

---

28 속세의 … 것이지 : 전신민은 고려가 망하자 두문동(杜門洞) 72현과 함께 두 나라를 섬기지 않을 것을 다짐하며 은거하였다. 이때 이성계(李成桂)가 여러 차례 불렀으나 나아가지 않았다 한다. 옥당은 삼사 중 하나인 홍문관으로, 여기서는 전신민의 충절과 대비되는 벼슬에 나간 속세의 영화를 뜻하였다.

29 재혁(在爀) : 전재혁(全在爀, 1850~1892). 자는 성교(聖敎), 호는 난산재(蘭山齋)이다. 『天安全氏族譜』

30 고죽의 맑은 바람 : 고죽군의 두 아들인 백이(伯夷)와 숙제(叔齊)가 가졌던 절개를 말한다. 여기서는 선생의 절개를 의미한다.

31 홍혁(泓爀) : 전홍혁(全泓爀, 1863~1926). 자는 윤중(允仲), 호는 농은(農隱)이다. 『天安全氏族譜』

독수정에서 회포를 기술하다 서문을 함께 쓰다
獨守亭述懷 并序

지난 풍우에 마침내 가족을 이끌고 남쪽으로 내려왔으니 곧 서석산 북쪽 기슭 10리쯤이다. 그로 인하여 거처를 삼았으나 난세의 고신(孤臣)으로 나라 잃은 슬픔을 더욱 이길 수 없었다. 그저 아직 죽지 못하고 서글픈 마음을 둘 데가 없어 한스러워 하였다.

이에 마을 동쪽 기슭 높고 시내 굽이진 곳 위에 작은 누정을 짓고 독수정(獨守亭)이라 이름 하였다. 영원히 두문불출하리라 맹세하는 뜻이다. 또 후원에 소나무를 심고, 앞뜰엔 대나무를 옮겨 심어 매번 눈 내리는 아침과 달 밝은 밤엔 이곳을 서성이면서 시를 읊어 시름을 잊는 일로 삼았다.

往年風雨, 遂挈家南下, 卽瑞石之北麓十許里也. 因以爲居, 而亂
代孤臣, 益不勝風泉之感. 只恨未死, 無以寓懷, 乃於村之東麓高處,
溪之委曲上頭, 搆得一小亭, 名以獨守, 盖永矢杜門不出之意也. 且
種松於後園, 移竹於前階, 每値雪白之朝, 月明之夕, 盤桓嘯詠, 以
爲消遣之一端云爾.

세상 일 막막하여 내 고민만 깊어지니	風塵漠漠我思長
구름 낀 숲 어디에 늙은 이 몸 맡길까	何處雲林寄老蒼
천 리 강호에서 양 귀밑머리 희어지니	千里江湖雙鬢雪
백 년 인생 천지간에 한결같이 구슬퍼라	百年天地一悲凉
왕손이 놀던 방초는 봄이 가는 것을 한탄하고	王孫芳草傷春恨
제자를 반기던 꽃가지는 달빛에 절규하겠지[32]	帝子花枝叫月光
이곳 청산에 이르러 뼈를 묻으려고	卽此靑山可埋骨
홀로 지킬 것을 맹세하고 이 누정 지었다네	誓將獨守結爲堂

죽지 않고 은둔한 신하 전신민(全新民) 未死遯臣 全新民

---

[32] 왕손(王孫)이나 제자(帝子)는 모두 옛날의 훌륭하고 아름다웠던 사람이라는 뜻이다.
가끔 왕손은 나라 잃은 신하를, 제자는 나라 잃은 임금의 넋이 두견새, 두견화가 되
었다고 하여 망국의 설움을 의미하기도 하였다.

독수정중건기
獨守亭重建記

서석산의 북쪽에 전씨(全氏)의 독수정(獨守亭)이 있다. 높은 곳에서 아래를 내려다보면 계산(溪山)과 임학(林壑)이 자못 볼 만한 승경을 이루고 있다. 세상에 전하기를 전씨의 선조인 청절공(淸節公), 휘 인덕(仁德)이 지은 것이라고 한다. [누정은 서은공(瑞隱公) 선조께서 지은 것으로, 누정을 지을 때에 역사를 주관한 이가 청절공이다. 글을 청할 때에 말을 자세히 하지 아니하여 '청절공이 지었다.' 라고 잘못 기록되었다.]

이미 독수정이 퇴폐된 지가 200여 년이 되었는데 서은공의 후손인 재혁(在爀), 홍혁(泓爀), 경탁(敬鐸) 등이 그의 선조의 유적이 인멸됨을 개탄하여 재물을 모으고 장인을 감독하여 현재의 임금(고종) 신묘년(1891년) 7월에 옛터에다 누정을 중건하였다. 그리고 나에게 기문을 청하면서 말하기를, "선조 서은공은 고려 말엽에 세상일을 그만두고 남쪽으로 내려와 명양(鳴陽, 창평)의 산음동(山陰洞)에 터를 잡고 살면서, 은둔하여 독수의 뜻을 지켰으니 세교(世教)와 풍화(風化)에 도움이 되기에 충분합니다. 누정의 명칭으로 인하여 따져 보면, 천년이 지난 오늘에도 그 뜻을 상상할 수 있지 않겠습니까?"라고 하였다.

내가 말하기를 "군자의 은택은 5세가 되면 끊어짐을 면할 수 없는데, 잘 알지도 못한 사람에게 이처럼 선조의 정자를 구축하게 하는 것은 비록 공이 지킨 것이 무엇인지 알지 못하더라도, 그가 지킨 것이 바르지 못하다면 어찌 이와 같을 수 있었겠는가? 또 원조(遠祖)의 아름다운 사적을 다시 세상에서 밝아지게 했으니 또한 대대로 내려온 선조의 유물을 잘 지켜왔음을 볼 수 있다. 그러나 그대 선조의 업적은 응당 이 누정보다 큰 것이 있을 것이니 이 누정을 중건한 것만을 마음으로 기뻐하지 말고, 공이 평소에 지킨 것을 깊이 연구하여 그 지조를 지켜 추락하지 않게 하여야 한다. 그러면 선조의 업적을 이어가는 아름다움이 어찌 한 누정의 중건에만 그칠 뿐이겠으며, 공의 후손들이 어찌 서로 함께 그것에 힘쓰지 않겠는가?"라고 하였다.

숭정(崇禎) 후 다섯 번째 을미년(1895년) 5월 5일
은진 송병선(宋秉璿)[33] 짓다.

瑞石之陰, 有全氏獨守亭, 處高而瞰下, 溪山林壑, 頗有觀眺之勝. 世傳全氏先祖淸節公, 諱仁德之所築也. [亭是瑞隱先祖所築, 主幹亭役, 淸節公也, 而請文時, 語之不詳, 誤以爲淸節公所築.] 旣亭而廢者二百餘年, 公後孫在燨, 泓燨, 敬鐸, 慨其先蹟之湮沒, 鳩財董工, 乃以今上辛卯七月, 就故址而新之, 請余記之. 其言曰, "先祖當麗氏之季, 謝世南下, 卜居于鳴陽之山陰洞, 守志遯跡, 足以有補於世敎也. 因亭名而溯其意, 則豈不想像於千載之下耶?" 余曰: "君子之澤, 未免五世而斬, 而能使所不知之人, 如是肯構者, 雖不知公之所守者何, 而如其所守之不正, 惡能如是乎? 又能使遠祖之徽蹟, 復明於世, 亦可以見守靑氈而不失矣. 然子之先業, 應有大於斯亭者, 不以輪奐徒悅於心, 而深究公素守者而守之不墜, 則其繼述之美, 豈止於一亭之重新而已哉? 爲公後人, 盍相與之勉焉?"

崇禎後五乙未 端陽日

恩津 宋秉璿 述

---

33 송병선(宋秉璿): 1836~1905. 본관은 은진(恩津), 자는 화옥(華玉), 호는 연재(淵齋)·동방일사(東方一士), 시호는 문충(文忠)이다. 송시열(宋時烈)의 9세손으로 한말의 학자이다. 수차례 관직의 제수에도 응하지 않은 채 무주 설천면 구천동에 서벽정(棲碧亭)을 짓고 도학을 강론하였다. 1905년 을사조약을 체결하자 자결하였다. 저서로는 『연재집(淵齋集)』과 편서 『근사속록(近思續錄)』, 『패동연원록(浿東淵源錄)』 『무계만집(武溪謾集)』 『동감강목(東鑑綱目)』 등이 있다.

독수정기
獨守亭記

서석산은 호남의 명산이다. 그 한 줄기가 남쪽으로 꺾어 돌아들어 그윽하게 깊숙한 곳이 바로 명양(鳴陽, 창평)의 산음동(山陰洞)[34]이니 환성(歡城, 천안) 전씨(全氏)가 대대로 살아온 마을이다. 처음으로 서은(瑞隱) 전선생(全先生)이 고려의 국운이 다 되어 감을 당하여 남하해서 이곳에 정착하고 하나의 누정을 지었다. 이태백의 시에 '독수서산아(獨守西山餓)'의 구절을 취하여 편액을 '독수정(獨守亭)'이라 하였으니 대개 영원히 두문불출하리라 맹세하는 뜻이다.

세대가 차츰 오래됨에 따라 누정이 허물어지자 고종28년(1891년)에 이르러 옛 터전에다 중건하고 연옹(淵翁) 문충공(文忠公)[35]

이 기문을 지었다. 그런데 그의 후손인 규환(奎煥), 규식(奎㯃)[36]등 여러 사람이 지금 또 나에게 글을 청하였다.

나는 "연옹 선철께서 이미 쓰신 것이 잘 되었는데 어찌 덧붙일 필요가 있겠는가?"라고 하니, 여러 사람이 이르기를 "이 누정을 창건한 이는 실은 서은공(瑞隱公)인데 글을 청했던 이가 말을 자세히 아니하여 연옹이 '청절공(淸節公)이 지었다' 라고 기록하였습니다. 청절공은 곧 서은공의 아들인데 그 당시에 아버지의 명을 받아 그 사역을 감당하였다고 하는 것은 옳을지라도 만약 그의 아버지의 사적은 없애버리고 다만 그의 아들의 실적만을 기록하는 것은 사리에 맞지 않다고 여겨집니다. 그러나 연옹은 이미 돌아가시어 질의할 곳이 없으니 한번 바로잡지 않을 수가 없습니다. 원컨대 우리를 위하여 밝혀 주십시오."라고 하였다.

나는 이르기를 "그의 아버지와 그의 아들이 모두 고려의 충신으로 독수의 의리를 잃지 않았으므로 그 고충(孤忠)과 탁절(卓節)이 가히 천추에 빛이 났다. 이 누정을 지은이가 아버지이든 아들이든 어찌 따질 필요가 있겠는가?"라고 하였다. 비록 그렇다고는 하지만 사실을 기록하는 글은 사실과 어긋나면 안 되니 다만 그 일을 말하여 둔다.

기축년(1949년) 5월 안동(安東) 김영한(金寧漢)[37] 삼가 쓰다.

瑞石爲湖南名山, 而一枝南來轉折回抱, 窈然而深者曰 '鳴陽之山陰洞', 歡城氏桑梓鄉也. 初瑞隱先生全公當麗杜之屋盡室, 而南爲卜居于此而築一亭, 取李白詩 '獨守西山餓' 之語, 顔之曰 '獨守' 盖永矢不出之志也. 歲紀寖邈, 亭隨而頹, 至洪陵辛卯重建於古趾, 淵翁文忠公爲之記云. 後孫奎煥, 奎夒諸君, 今又謁予文, 予曰: "先哲已言之葳矣, 何用贅爲?" 諸君曰: "創建斯亭, 實瑞隱公也, 而請文者, 語之不詳, 淵翁以爲淸節公所築也. 淸節卽瑞隱之子, 當時承其父命, 董其役則可矣. 若沒其父之跡, 而只記其子之實體貌, 恐不當如是, 然淵翁已九原矣, 無所於就質, 而不得無一辨, 幸爲我圖之." 予曰: "是父是子, 俱有罔僕之志, 不失獨守之義, 則其孤忠

卓節, 固可以炳烺千秋矣, 斯亭之作, 父歟子歟, 何傷乎無辨歟?" 雖然記事之文, 不可以爽實, 第言之.

己丑 之旣望 安東金寧漢 謹記

---

34 산음동(山陰洞) : 지금 전남 담양군 남면 연천리 일대를 말한다.
35 연옹(淵翁) 문충공(文忠公) : 연재(淵齋) 송병선(宋秉璿, 1836~1905)을 말한다. 시호는 문충이다.
36 규석(奎夒) : 전규석(全奎夒, 1879~1951). 자는 태삼(台三)이다. 『天安全氏族譜』
37 김영한(金寧漢, 1878~1950) : 본관은 안동, 호는 동강(東江)이며 항일 운동가이다.

독수정중수상량문
獨守亭重修上樑文

아랑위[38]
명양(鳴陽, 창평)은 옛 고을이요, 서석(瑞石, 무등산)은 진산이라. 위인들이 그 사이에 출현하였으므로 평소에 시례의 모범이라 일컬어졌고, 또한 아름다운 미풍이 많아서 실로 추노(鄒魯)의 고을[39]이 되었네.
비록 산천의 정령이 모인 곳일 뿐더러
또한 현인의 교화가 미친 곳이리라.

가만히 생각건대, 서은 선생은 옛적 고려의 국운이 땅에 떨어졌을 때에도 그 정기는 지금에 이르기까지 하늘에 비쳤도다.
상(商)나라가 망한 500년에 종사(宗社)를 지키지 못하였는데,
고려 말에는 절의를 지키는 72인이 종적을 감추어 두문동 하늘 아래에 함께 살면서

관을 고개마루에 걸어두고 만종의 벼슬을 초개처럼 버렸다네.
자기의 뜻을 말한 것이 어찌 조금이라도 잘못됨이 있으랴.
나의 마음 미리 알고 먼저 길을 떠났다네.
은거함이 정길(貞吉)하여 800리 길로 남하(南下)하였고, 일편단심 변치 않아 어두운 밤에 반짝이는 북두성이 되었다네.
연천의 개울 따라 터전을 마련하고,
산음(山陰)의 언덕 위에 누정 한 칸 지었다네.
아름답게 그 이름 독수정이라 하였으니 대의가 밝디 밝고,
평소 본심을 지키겠다 약속하였으니 위인이 병으로 고생하는 것과 같았네.
천년의 청풍으로 서산에 고사리를 꺾었으며,
빙옥(氷玉) 같은 모습은 동해에 희고 밝은 달이라네.
이제 많은 세월이 흘러 흘러서, 기울고 훼손되지 않음이 없으니
다시 중건하기를 도모하여 옛 모양 그대로 하였다네.
반드시 옛 관습에 따라 조상의 뜻을 이어받은 도리라네
인근 사람들은 노래를 듣고 아들처럼 빨리 몰려왔고
집을 짓는 걸 걱정하지 않는 건 목공의 좋은 기술이라네.
건물이 웅장하고 많으니 장로인(張老人)이 치하할 만하고
완벽하고 아름다워라 위공자(衛公子)의 거실 같도다.
산도 높고 물도 맑지만 인력 또한 많았고,
구름 가고 새가 오니 다시 천기(天機)의 참다움을 보겠네.
바람도 맑고 달도 밝으니 좋은 경치 충분히 차지하였고

삼경에는 꽃이 피고 대 잎 푸르니 봄기운이 분명해라.
여름이면 시원한 곳이 좋아서 나무 그늘을 사랑하였고,
겨울에는 따뜻한 방이 좋아서 햇볕 비친 창문을 취했다네.
잠시 할 말을 버려두고 어찌 한갓 경치만 아름답게 하리.
꼭 나에게 좋은 생각 있으니 옛 법도를 넘지 않으리.
나무 보고 산을 아는 것은 물에 본디 유래가 있는 것이요,
이름을 돌아보고 뜻을 생각하면 사람이 어찌 감흥이 없겠는가.
대들보 상량을 들어 올릴 적에 제비들도 다투어 날아오르는구나.

대들보를 동쪽으로 던지니,
하늘의 맑은 기운 다함이 없도다.
봄볕은 오래도록 뜰 앞에 푸르니,
한 치의 풀 같은 마음, 충심으로 은혜를 머금었네.

대들보를 서쪽으로 던지니,
뇌수산(雷首山) 푸른빛이 하늘과 나란하도다.[40]
꼴망태 둘러매고 가서 고사리 꺾으며
노래 한곡 부르니 그 심정 어느 누가 알아줄까.

대들보를 남쪽으로 던지니,
반묘 연못에 맑은 물 가득하도다.
진원(眞源)이 어디 있는 줄 알았으니

하늘과 구름이 거울 속에 잠긴 듯하였네.

대들보를 북쪽으로 던지니,
밤마다 반짝이는 별들이 북극을 도는구나.
우리 군주 버리고 어디로 가겠는가.
변절한 그대들 천년토록 부끄러우리라.

대들보를 위로 던지니,
하늘은 지극히 높고 넓도다.
저 하늘에 한 점 구름 가렸으니
어디에서 진상을 찾아볼 수 있을까.

대들보를 아래로 던지니,
마음마다 모두 신명의 집이 있도다.
집 가운데에 주인옹을 정하였으니
비로소 소와 말과 함께 돌아가지는 않으리라.

엎드려 바라건대, 상량을 올린 뒤에는
천석(泉石)이 완연하고 초목도 향기로워
누정 위에 올라서면 인의의 편안함을 품고
방 안에 들어가면 시서의 즐김을 강(講)하라.
오직 누정을 지은 그 뜻에 어긋나지 말아서

인간의 높은 표상을 길이 맹세하리라.
이에 독수정이라고 이름 붙인 지침을 믿고서
세상을 등진 별경을 견고하게 보존케 하소서.
원컨대 배우는 것을 폐하지 말고 계속 이어갈지어다.

임자년(1972) 5월 하순 월성(月城) 김종가(金種嘉) 삼가 쓰다.

兒郞偉

鳴陽古郡, 瑞石雄鎭. 間出偉人, 素稱詩禮之藪, 亦多美俗, 寔爲鄒魯之鄕. 雖山川之精靈所鍾, 抑賢哲之餘化攸暨. 竊以瑞隱先生, 在昔麗運掃地, 迄今正氣撑天. 商其淪亡五百餘年, 宗祊不守, 我罔臣僕七十二子, 蹤跡難安, 戴一天於杜門洞中, 屣萬鍾於掛冠峴下, 各言其志, 曷敢越焉, 先獲我心, 可以去矣. 嘉遯貞吉望望八百里而南遷, 丹衷靡渝耿耿三五夜而北拱. 率鷲川之澨, 胥宇聿來, 卜山陰之眉, 起亭突兀, 揭華扁以獨守, 大義烺炳, 矢素心以不諼, 碩人薖軸. 淸風千古採採西山之薇, 玉貌宛然皎皎東海之月. 玆經幾多之歲月, 不無若干之傾摧, 爰謀重新, 庶堂構之無替, 必仍舊貫, 亦紹述之有方. 寧興澤門之謳, 子來其亟, 不憂道舍之作, 匠斵乃良, 輪焉奐焉, 張老人之獻頌稱善, 完矣美矣, 衛公子之居室允宜. 山益高水益淸, 亦因人事而助發, 雲自來鳥自去, 復見天機之爛然, 風一簾月一簾, 占得晴景十分, 花三逕竹三逕, 自在春意一般, 夏宜涼軒, 愛樹陰之一榻, 冬宜燠室, 取日光之半窓. 姑捨汝所言, 豈徒級於佳景, 必有我所思, 庶不愆於舊章, 見木知山, 物固有由來者, 顧名思義, 人豈無興感哉. 鴻樑載抛, 鳶賀爭騰.

抛樑東, 天行一氣化無窮, 春暉長得階前翠, 寸草含恩效微衷.
抛樑西, 雷首山光天與齊, 爲採春薇荷囊去, 長歌一疊孰知余.
抛樑南, 半畝盈盈活水潭, 自是眞源來處在, 天雲一樣鏡中涵.
抛樑北, 夜夜仰看星拱極, 不戴吾君我安歸, 二心千古俱懷怍.
抛樑上, 天宇元來極昭曠, 許着天邊一點雲, 更看何處見眞狀.
抛樑下, 心心皆有神明舍, 舍中定得主人翁, 始不同歸牛與馬.

伏願上樑後, 泉石無恙, 草樹含香, 升其堂, 而懷仁義之安, 入其室, 而講詩書之樂. 惟不悖其作亭之本意, 永矢人間高標, 乃或符於命名之指針, 堅保物外別境, 所願學也, 勿替引之.

時壬子蕤夏下澣 月城 金種嘉 謹述

---

38 아랑위(兒郎偉) : 여러 사람이 대들보를 들 때 힘을 모아 '어영차' 하고 내는 소리이다. 상하(上下) 사방(四方)의 여섯 방향으로 들보를 들기 때문에 육위(六偉)라 하기도 한다. 원래는 중국 관중(關中) 지역의 방언이었는데, 한국에서도 널리 사용하게 되었다.
39 추노(鄒魯)의 고을 : 주(周) 나라 말기 공자(孔子)는 노(魯) 나라에서 출생하였고, 맹자(孟子)는 추(鄒) 땅에서 출생하여, 이들 지방에 문풍(文風)이 크게 일어났으므로, 이를 비유하여 말한 것이다.
40 뇌수산(雷首山)은 수양산(首陽山)의 다른 이름이다. 원래 뇌수산의 남쪽이라고 하여 수양산이라는 말이 만들어졌다.

명옥헌 울 명鳴, 구슬 옥玉, 집 헌軒 계축 癸丑

구슬이 구르는 듯 물소리가 울리는 집이라는 의미이다. 우암(尤庵) 송시열(宋時烈, 1607~1689)의 글씨라고 전해지고 있다. 누정 위의 작은 연못 위쪽에 자리한 바위에 '명옥헌 계축(鳴玉軒 癸丑)'이라는 송시열의 필체로 전하는 글자가 새겨져 있는데, 현재의 현판은 그것을 모각(模刻)한 것이다. 계축(癸丑)은 1673년이다.

삼고 석 삼三, 돌아볼 고顧

'삼고'는 '삼고초려(三顧草廬)'에서 비롯된 말이다. 훗날 인조가 되었던 능양군이 광해군을 축출하기 위해 세력을 규합해나가는 과정(인조반정)에서 당시 낙향해 있던 오희도를 세 번이나 찾아와 자신의 뜻을 전했다는 고사가 있다.

임금이 노는 건 놀기 좋아해서가 아니라
태평한 세월 백성과 함께하고자 함이라[41]

玉輦一遊非好事
太平風月與民同

---

41 고려 인종 때 문신인 이지저(李之氐, 1092~1145)의 「서도구호(西都口號)」의 일부이다. "대동강 강물은 유리같이 파랗고 / 장락궁의 꽃들 비단 수로 붉구나 / 임금님 수레 한 번 거둥함이 놀기 좋아해서가 아니라 / 태평 풍월을 백성과 함께 하고자 함이라.[大同江水琉璃碧 長樂宮花錦繡紅 玉輦一遊非好事 太平風月與民同]"

만고 세월 보내니 아마도 꿈이런가
모르는 사이에 인생이 늙어갔구나[42]

萬古消磨應是夢
人生老在不知中

---

[42] 조선 후기 여류시인 박죽서[朴竹西, 1817(?)~1851(?)]의 「제석(除夕)」 일부이다. "집집마다 폭죽소리 온 거리에 들리니 / 새해를 재촉하는데 촛불만 붉구나 / 반쯤 진 매화에 겨울 눈 남았는데 / 한줄기 닭울음 소리 봄 소식을 전하네 / 무정한 세월 한 해 또 이렇게 보내는데 / 힘 있다한들 이 밤 다 가는 건 되돌리기 어려워 / 만고에 쌓인 시름 모두가 꿈인 것을 / 미처 알지 못하는 사이에 인생 늙어만 가네 [家家爆竹九街通 新舊相催燭影紅 半落梅猶餘臘雪 一聲鷄已報春風 無情又遣今年去 有力難回此夜窮 萬古消磨應是夢 人生老在不知中]"

온갖 시냇물 끝내 바다로 흘러가듯
온갖 나무는 살면서 꽃이 피어나네[43]

百川逝意終歸海
萬樹生心畢竟花

---

[43] 이 시는 누구의 시인지 확실치 않다.

몸은 조선에 있어도 만방에 이름 떨치고
백년을 못 살았지만 죽어서는 천년이로다[44]

身在三韓名萬國
生無百歲死天秋

---

44 청국의 정치가 원세개(袁世凱, 1859~1916)의 「만안중근의사(輓安重根義士)」의 일부이다. "평생을 벼르던 일 이제야 끝났구려 / 죽을 때에 살려는 건 장부가 아니지요 / 몸은 조선에 있어도 만방에 이름 떨쳤으니 / 백세를 살지 못했어도 죽어서 천년을 가오리다. [平生營事只今畢 死地圖生非丈夫 身在三韓名萬國 生無百歲死千秋]" 위의 시에서 둘째 구 마지막에서 두 번째 글자는 "千"이 되어야 하는데 잘못 판각되어 있다.

전해 내려온 옛 누정에는 꽃은 떨어졌을 테고
대대로 지킨 선영에는 필시 풀이 무성할 거야[45]

傳承舊院花應落
世守先塋草必荒

---

[45] 임진왜란 때 이엽(李曄, ?~?)의 시 일부이다. 당시 이엽은 왜에 잡혀갔다가 순절하였다. "봄이 바야흐로 동으로 오니 한이 또 길어지고 / 바람 절로 서쪽으로 부니 생각도 절로 바쁘구나 / 밤 지팡이 잃은 어버이는 새벽달에 부르짖고 / 낮 촛불처럼 아내는 아침볕에 곡을 하리 / 물려받은 옛 동산에 꽃은 응당 졌을 것이고 / 대대로 지킨 선영에는 풀이 정녕 묵었으리 / 모두 다 삼한이라 양반집 후손인데 / 어찌 쉽게 이역에서 우양과 섞이겠나 [春方東到恨方長 風自西歸意自忙 親失夜筇呼曉月 妻如晝燭哭朝陽 傳承舊院花應落 世守先塋草必荒 盡是三韓侯閥骨 安能異l或混牛·羊]"

옛 친구는 다 산중 객으로 돌아가고
젊은이는 그저 딴 세상 사람들 같아[46]

舊交皆是歸山客
新少無端隔世人

---

[46] 김병연(金炳淵, 1807~1863)의 「노음(老吟)」의 일부이다. "오복 가운데 장수가 으뜸이라고 누가 말했던가 / 오래 사는 것도 욕이라고 한 요임금 말이 귀신 같구나 / 옛 친구는 다 산중 객으로 돌아가고 / 젊은이는 그저 딴 세상 사람들 같아 / 근력이 다 떨어져 앓는 소리만 나오고 / 위장이 허해져 맛있는 것만 생각나네 / 애 보기가 얼마나 괴로운 줄도 모르고 / 내가 그냥 논다고 아이를 자주 맡기네 [五福誰云一日壽 堯言多辱知如神 舊交皆是歸山客 新少無端隔世人 筋力衰耗聲似痛 胃腸虛乏味思珍 內情不識看兒苦 謂我浪遊抱送頻]"

산과 들에 초목은 해마다 푸르건만
세상 백성 영웅은 돌아오질 않구나

山野草木年年綠
世民英雄歸不歸

시기가 올 때면 천지가 힘을 함께하더니
운 다하니 영웅도 혼자 어쩔 수 없구나[47]

時來天地皆同力
運去英雄不自謀

---

[47] 전봉준의 유시라고 알려진 시의 일부이다. "시기가 올 때면 천지가 힘을 함께하더니 / 운 다하니 영웅도 혼자 어쩔 수 없구나 / 백성을 사랑하고 정의로운 게 무슨 허물이더 냐 / 나라 위한 일편단심 그 누가 알리오 [時來天地皆同力 運去英雄不自謀 愛民正義 我無失 愛國丹心誰有知]"

아 아 천지간 후손들 가운데
내 평생을 아는 이 그 누구던가[48]

嗟乎天地間後孫
知我平生者有誰

---

[48] 김병연의 「회향자탄(懷鄕自嘆)」의 일부이다. "아아 천지간 남아 중에 / 이내 평생 지난 일 아는 이 누구리오 / 물위 부평초처럼 삼천 리를 떠다니고 / 거문고와 책으로 보낸 사십 년 모두가 허사로다 / 청운은 힘으로 이루기 어려워 바라지 않았고 / 백발도 정한 이치이니 슬퍼하지 않는데 / 고향 가던 꿈꾸다 놀라 깨어 앉으니 / 삼경에 월나라 새 울음만 남쪽 가지에서 들리네.[嗟乎天地間男兒 知我平生者有誰 萍水三千里浪跡 琴書四十年虛詞 靑雲難力致非願 白髮惟公道不悲 驚罷還鄕夢起坐 三更越鳥聲南枝]" 다만 "남아(男兒)"가 "후손(後孫)"으로 바뀌었다.

깊은 가을 서리 이슬 아래에 절의라
이 꽃을 대하여 내 스승이라 부르네[49]

節義高秋霜露底
對花猶道是吾師

---

49 강항의 「간양록(看羊錄)」 섭난사적(涉亂事迹)」의 일부이다. "두어 폭 국화 색이 어울려 진기한데 / 먼 손님 새 시제도 역시 서로 알맞구려 / 깊은 가을 서리 이슬 아래에 절의라 / 이 꽃을 대하여 내 스승이라 부르네[數莖叢菊色交奇 遠客新題亦自宜 節義高秋霜露底 對花猶道是吾師]" 이 시의 지은이는 강항이 왜(倭)에 체류 시 제자였던 왜승(倭僧) 순수좌(舜首座)이다.

명옥헌기

鳴玉軒記

옛날에 '남전(藍田)[50]에 옥이 많다.'라고 하였는데, 해가 뜰 때면 상서로운 연기가 뭉게뭉게 피어난다. 곤륜산에서 생산된 옥을 세상에서 보배로 여기니 부자 권세가들이 술잔이나 그릇으로 만들어 사용하는 자들이 아주 많았다. 그렇지만 숨어 지내는 가난한

---

50 남전(藍田) : 중국 섬서성(陝西省) 남전현 동쪽에 있는 산 이름으로, 아름다운 옥이 나는 것으로 유명하다.

선비가 그것을 얻어 가질 수 있는 것은 아니다.

  내 문도(門徒) 가운데 오명중(吳明仲)[51]이라는 이가 있다. 본래 냉철하고 강개하여 전원에서 지조를 지키며 세상에서 구차한 삶을 구하지 아니하고, 마침내 뒷산 기슭에 들어가 두어 칸 작은 집을 지었다. 집 뒤에는 한 줄기 차가운 샘이 있어 콸콸 울타리를 따라 연못으로 들어갔다. 그 소리가 마치 옥이 부서지고 구슬이 구르는 것 같아 사람들로 하여금 소리를 들으면 자신도 모르게 더러운 때가 씻기고 청량한 기운이 엄습해오는 것을 느끼게 한다.

  매양 고요한 밤 한가한 시간에 자는 듯 마는 듯 눈을 감고 있으면 상쾌한 기운이 옷소매를 적시고, 서늘한 안개가 자리를 적신다. 황연히 내 몸이 하늘나라 궁전과 비빈들이 거처하는 전에 이른 듯했으며 밤이슬을 호흡하면 옥구슬을 탐하여 들어 삼키는 것만 같았다.

  물의 성질은 맑으니 맑으면 때가 없고 때가 없으면 자연히 속세의 더러움도 없다. 질주하는 거센 물줄기가 모아지고 사나운 바람이 뒤흔듦에 미쳐서는 마침내 요동치고 까부라진다. 타고난 그 본성을 잃는 것을 면하지 못한다고 하지만, 그의 성정이 맑기 때문에 언제나 태연자약(泰然自若)할 수 있는 것이다.

  사람이 하늘로부터 받은 성품은 처음에는 청탁(淸濁), 수박(粹

---

51 오명중(吳明仲) : 1619~1655. 명중은 오이정(吳以井)의 자이다. 본관은 나주(羅州), 호는 장계(藏溪)이며, 부친은 명곡 오희도(吳希道)이다.

駁)의 차이가 없었다. 그러나 날로 사물과 다투어 지내다가 때로 변화되어 가서 끝내 내 자신의 천명도 지켜내지 못하고 내 생애를 마감하게 된다. 지금 그대는 일찍이 세속의 굴레를 벗어버리고 문묵을 즐기면서 살고 있으니 아마도 고금의 작가들에 대해서 또한 그러한 부류를 섭렵하지 못했다고 말할 수는 없을 것이다.

그러나 끝내 영리에 달려가거나 혹은 밖으로부터 오는 갖가지 일들에 얽매이지 않고, 놀고 있는 밭뙈기 하나를 얻어 문득 스스로 만족하였다. 이를 마치 죽을 때까지의 계책처럼 여기니 먼지나 기와부스러기 같은 권력에 골몰하는 자들과는 서로 거리가 어떠하겠는가? 내가 이것으로 인하여 느낌이 있는 것이다.

옛 현인들이 덕을 옥에 비유한 것은 기록에 자세하다. 공의 마음가짐은 흠결이 없는 옥과 같아서 갈아도 닳아지지 않고 헐어도 훼손되지 않는다. 또 맑은 물과 같아서 찌꺼기가 없어 더러운 오물이나 진흙탕 물을 수용하지 않으니, 또 청백하고 고결하고 텅 비고 담백하였다. 지극히 깨끗한 것을 접하고 더러운 속세를 초월하였으니 어찌 항상 흐르는 작은 물에 섞여서 민멸되고서야 그만두겠는가?

나 같은 자는 평생을 속세에 떨어져 지내면서 개보개옥(改步改玉)[52]의 비웃음을 면치 못한다. 어떻게 그대의 산기슭을 반이라도 빌려 띠 풀을 베어 거처를 정하여 여생을 마칠 수 있겠는가? 지금 공의 명옥헌 기문을 짓는 것으로 인하여 나도 모르게 기운이 샘처럼 용솟음친다. 마침내 수염을 추겨 세우고 붓을 휘둘러 기록하노라.

홍문관 대제학 정홍명(鄭弘溟)[53] 삼가 쓰다.

古稱藍田多玉, 日出則冉冉生煙. 崑丘之産, 爲世所珍, 豪貴勢家, 用爲杯著器皿者頗多, 非寒士逸人所可得以有之者也. 吾黨有吳君明仲, 本寒介也, 守志丘園, 無求於世, 迺於后山支麓, 築數間小屋. 屋後有一道寒泉, 灘灘循籬以入, 其聲如玉碎珠迸, 令人聽之, 不覺垢穢之消滌而淸涼之來襲也. 每於靜夜閑時, 或寐或訛, 只覺爽氣襲襟, 涼霧沾座, 怳然致身於瑤宮桂掖, 吸沆瀣而嚥珠求也, 水之性淸, 淸則無塵, 無塵則自無滓濁, 及其爲狂潦所湊, 惡風所簸, 終未免掀擺奔迸, 失其故性, 而其淸故自若也. 人之受於天者, 初無淸濁粹駁之異, 日與物鬪, 時隨化去, 終不能守吾天而終吾年也. 今君早能擺脫羈罣, 遊戲文墨, 其於古今作家, 亦不可謂不涉其流者也, 終不以趨趍趨營爲務, 倘來外至爲累, 得一畝閑田地, 便自快足, 若將爲終老計, 其與汨沒坌濁與瓦礫同區者, 相去何如也? 抑余因此有所感矣. 古人比德於玉, 於記詳之矣. 使公其能秉心, 如玉無瑕, 不磷不毀, 又能如水之淸而無滓, 不受塵垢之汚, 泥沙之涸, 則其皭然皎然, 沖如澹如, 接太素而超汨濛, 豈常流小淙之所可混同而泯沒而

---

52 개보개옥(改步改玉) : 걸음걸이가 바뀌면 몸에 차는 구슬도 바뀐다는 말이다. 즉 형태가 달라지면 방법이나 형식도 변한다는 것을 말한다.
53 정홍명(鄭弘溟, 1592~1650) : 본관은 연일(延日), 자는 자용(子容), 호는 기암(畸庵)이다. 부친은 우의정 정철(鄭澈)이고, 송익필(宋翼弼) 김장생(金長生)의 문인이다. 1616년에 문과에 급제하여 여러 벼슬에 나아갔다. 저서로는 『기암집(畸庵集)』이 있다.

已也? 若余平生, 落在塵寰, 未免改步改玉之譏, 何能借君一半山麓, 誅茅卜居, 以畢餘生耶? 今因記公之軒, 不覺氣涌如泉, 遂奮筆掀髥以記.

弘文館 大提學 鄭弘溟 謹記

광주문화재단 누정총서 **1**
독수정·명옥헌

초 판 1쇄 찍은 날 2018년 12월 11일
초 판 1쇄 펴낸 날 2018년 12월 17일

글 국윤주
현판 번역 김대현
여행 길잡이 전고필
사진 안갑주

펴낸곳 (재)광주광역시 광주문화재단
펴낸이 김윤기
발행부서 (재)광주광역시 광주문화재단 전통문화관 무등사업팀
　　　　　61493 광주광역시 동구 의재로 222
　　　　　전화 062-232-2152

만든곳 도서출판 심미안
주소 61489 광주광역시 동구 천변우로 487(학동) 2층
전화 062-651-6968
팩스 062-651-9690
메일 simmian21@hanmail.net
블로그 blog.naver.com/munhakdlesimmian
등록 2003년 3월 13일 제05-01-0268호

값 10,000원
ISBN 978-89-6381-264-9 04900
ISBN 978-89-6381-263-2 (SET)